BASEBALL アスリートたちの限界突破

――野球で人生を学ぶ

スポーツジャーナリスト
氏原英明
Hideaki Ujihara

青志社

BASEBALL
アスリートたちの限界突破
――野球で人生を学ぶ

スポーツジャーナリスト
氏原英明

青志社

はじめに

はじめまして、こんにちは、こんばんは。ジャーナリストをしています氏原英明です。

高校野球の取材をしたり、プロ野球の取材をしたり、メジャーリーグの取材などにも行っています。「野球指導者のためのオンラインサロン」も立ち上げて情報提供を行っています。

妙な挨拶を始めたのは他でもありません。

これ、僕が今、毎日配信している「stand. fm（スタンド・エフエム）」「Voicy（ボイシー）」という音声アプリの冒頭の導入で話しているくだりの部分です。

今年、話題になった「Clubhouse」（クラブハウス）に代表されるように、最近は音声メディアが流行しています。僕はそんな時代の波に乗り、2020年の9月から音声ラジオの配信を始めました。

かつてはメディアにて喋ることなどは全く考えていませんでした。僕は、もともとあがり症で喋るのが苦手。講演をたまに行いますが、台本を入念に作り込み、リハーサルを何度もして本番に臨むほど。講演の1か月前から落ちつかないのです。ところが、ひとたび、スマホを持って音声配信のために喋ることを始めてみると、これが面白い。自分が想像もしていなかった言葉が自分の口から次々に出てくるのです。

音声メディアによって、引き出される新しい自分に出会うことができるのです。大袈裟かもしれませんが、音声アプリを使うことにより僕のジャーナリストとしての強みまで発見することができました。

その強みこそが本書の企画目的です。

僕はジャーナリストになって20年になります。その多くはスポーツ現場という限定的なものではあるものの、たくさんの出会いに恵まれてきました。

20年も働いてきて思うのです。

この仕事ほど、人生を歩む上で財産を得られるものはないだろうなと。

出会いの数がハンパなく多くあり、それも、この道で成功を収めた方々や何かの目標を達成した人ばかりです。僕が取材をするのはあるテーマに沿った記事を完成させるためであるのですが、その目的を果たす以上のものが取材を通した出会いから得られるのです。

記事は安いところで、2000字書いて8000円。高いところでは原稿用紙1枚で1万円くらいもらえます。昨今はウェブメディアの進出で原稿料の価格破壊が起きていますが、PVに対するインセンティブをつける媒体も出てくるなど、時代にあった報酬になっています。

今の原稿料に満足しているか云々の話をしたいわけではないのですが、僕らの仕事には報酬以上のものが得られる、人生における財産として心を豊かにしてくれるのです。


その財産とはベースボールのアスリートたちの金言です。

ベースボールのトップアスリートの口から度々語られるその言葉からは、「成功者になるため」のヒントがたくさん隠されています。彼らがどのようなマインドで困難に立ち向かい、乗り越えてきたのか。また、チームを指揮している監督やコーチなども然りです。

アスリートからすれば、特に意識して言葉の重みを感じていないのかもしれませんが、40年余りの人生をなんとなく生きてきた僕からすると、目から鱗が落ちるほどのマインドに触れることが限りなくあるのです。

この〝言葉たち〟をなんとか、世間に届けたい。それが本書を書く目的となったのです。

アスリートたちの金言を、現代を生きる若者や目標を見失ったビジネスマンたちに届けたい。アスリートの言葉から我々が学ぶことは多い。そう考えて、筆を取ることにしました。

決して、スポーツには勇気や感動を与える力があるといったありきたりな言葉を並べた内容にしてまとめるつもりはありません。**彼らの成功には、人生を生き抜いていく光がある、ヒントがある。それを皆さんに伝えたいのです。**

僕は大学生の時にスポーツライターを志しました。きっかけは手にとったある1冊の本からなのですが、取材活動を続ける上で大事にしてきたのは「いい話が聞けた。これをみんなに届けたい」という気持ちで、それが原動力でした。

真実を知りたい。それをみんなに知ってもらいたい。

言いたがり、書きたがり、伝えたがり、喋りたがり、なのです。

僕は毎朝、stand. fm と Voicy にて時事的な野球ニュースや人生観につながる話題を取り上げて10分程度喋っています。そして、その収録が終わると、Twitter Space に移動して「絶対肯定クラブ」というルームにお邪魔しています。

絶対肯定クラブの管理人であるタマキさんは、すごく美人な方なのですが、その容姿からは想像できないくらいに深くて広い知識があり、人生に大事なことを話されます。

そんな彼女に魅了される人間は男女を問わずたくさんいて、Twitter のこの Space やタマキさんが運営する「絶対肯定オンラインサロン」には多くの人が集まってくるのです。

Twitter Space の方では毎日、あらゆるテーマについて、スピーカーが自分の考えを述べるのですが、メンバーが多士済々で面白い。

参加している人間の職業はバラバラ。会社の人事をしている人もいれば、SNSのプロ、ある企業の社長さん、保険屋さんあるいは南の島の焼肉屋さんもいる。そして、僕のようなジャーナリストもいるわけで、思考が様々あるのです。

とにかく、いろんな考えが飛び交う。どれが正しいか、正しくないかではなく、アウトプットをし合うことで、それぞれがマインドをブラッシュアップさせていく。そんな時間です。

そのルームで僕が喋るのは野球選手の話ばかりになります。ある選手はこんなことを言っていた、つまり、こういう真理が働いているのではないか。成功者の言葉を題材にして、人生の生き方を語っているのです。

その時に僕は気づかされました。

どれだけベースボールのアスリートの金言に人生を奮い立たせてきたのか、彼らの生き様に人生を学ばせてもらったのか。

音声アプリを始めるまで、そんなことを考えたことはなかったです。これまで聞いてきた金言は覚えているけれど、その言葉の解釈を理解して伝えることによって、誰かの役に立てる。僕の取材には、成功のヒント、人生を豊かに生きていくためのマインドセットを得られていることが分かったのです。

アスリートの言葉を我々の日常に落とし込んでいけば、人生の成功法則が見つけ出せる。

本書ではその数々の言葉を紹介しながら人生に大事なことのお話をしていければと思います。

僕は、現在、高校野球からプロ野球の日本シリーズ、侍ジャパンからメジャーリーグまで取材する野球メインのジャーナリストとして活動しています。

フリーランスとしてのキャリアのスタートは２００３年のことでした。

それまで勤めていた新聞社を退社し、同年の夏から甲子園は19年連続で１大会観戦を掲げて取材に行くようになりました。春の甲子園も15年以上は取材に行っています。高校時代、甲子園や地区大会で取材した選手を追いかけるように、大学野球、社会人にも進出し、プロ野球にも顔を出すようになり、選手、監督、フロントスタッフなどのインタビューを多く経験しました。

2018年には、そのプロ野球の取材で親しくなった菊池雄星選手（マリナーズ）を追いかけ、メジャーリーグの取材にも行くようになりました。

今年はコロナの影響で、メジャーの取材は断念しましたが、1年間のうちに、高校野球を取材し、大学野球の全国大会、社会人野球を取材、日本シリーズからメジャーリーグの取材にまで行くベースボールライターは僕以外にはいません。

もちろん、僕は自分の行動がもっとも正しい、と思っているわけではありませんし、インタビューが特別にうまいと言いたいわけでもありません。スーパースターになる選手を予告するほどの先見の明はないし、ものすごく面白い企画を思いつくわけでも、編集者の誰からも気に入られる書き手でもありません。自分だけがすごい人間だと言いたいわけではないです。

ただ、取材を通して言動を読み取る、見通せる力は人よりあると思っています。どのような取材でも、仕事のやり取りでも、人より多くのものを得られていると自負しています。

記事を書くためだけではなく、**彼らの言葉からどれほどの学びがあるのか。**

それを僕は人生の財産にしてきましたから。

「甲子園で勝てるようになって注目されることが多くなりました。いろんな人から取材を受けるようになりましたけど、僕が書いて欲しいと思うことを察して書いてくれる人はほとんどいません。すごく不満があるというわけではないのですが、そうじゃないんだよなと思うことは多いです。でも、氏原さんは僕が伝えたいことのほぼ100%に近い内容を書いてくれる」

僕の記事を読んでそんなことを言ってくれたのは、史上初の甲子園春夏連覇を二度達成した**大阪桐蔭・西谷浩一監督**です。僕が取材活動を続ける中で、自信をつけさせてくれた言葉のうちの一つで、自分の強みを再確認させてもらいました。

僕のこの強みを売り物にしたい。

この本で伝えたいのは、僕が取材した選手たちが心の底で伝えたかった人生の教訓のような話です。

アスリートが示す成功は人間の力を証明する一つの例だと僕は思っています。あの場面で、なぜ、こんなプレーができるのか。そんなことを一般人が真似できるわけではありません。真似るべきはそのマインドを伝えた言葉です。

本書を読んで、野球選手の偉大さを再確認してもらうとともに人間の可能性を見いだしてもらいたい。そして、人生に生かして欲しい。

「BASEBALLアスリートたちの限界突破」

そんな話を聞いてくれたらと思います。

BASEBALL アスリートたちの限界突破

目次

非エリートの思考法――161

序章
二人の天才

あくまで秤《はかり》は自分の中にある

元メジャーリーガー
イチロー

努力の物差しは人それぞれに異なるのではないかと思います。

僕も、時に「努力していますよね」と言われたりしますが、実際、意思が弱くて、やらなければいけないことに向き合えない日々をいくつも経験している自分からすると「決して努力したとは言えない」。そんな経験が皆さんもあるのではないでしょうか。

結局、努力の物差しは対「人」との比較ではないと思います。

あいつに負けたくないというライバル心は確かにあります。同期や後輩に後塵を拝するのは嫌だから、頑張るエネルギーにはなります。しかし、それを乗り越えた時に、自分の満足感が得られるかというと、ほんの少しだけではないかというように思います。

そんなことを感じさせてもらったのは2019年3月21日にあった、マリナーズ・イチロー選手の記者会見でのことでした。

この日、日本の野球界は一つの時代が幕を下ろしました。

日本のプロ野球で1シーズン200本安打を達成するなど数々の金字塔を打ち立てる活躍を見せ、2001年から舞台を移したメジャーリーグでもシーズン最多安打の216本のメジャーリーグ記録を達成。メジャーリーグ史上初めて10年連続200本安打を樹立するなど稀代のヒットメーカーとして存在感を見せつけたイチローさんが現役を引退しました。2019年3月21日は当時所属していたマリナーズが開幕シリーズを日本で行い、イチローさんはその試合を最後に引退することになりました。

イチローさんの引退が発表されたのは、その試合が始まってからのタイミングでした。というのも、イチローさんはその決断を周囲に隠し続けていたからです。この日はチームメイトの日本人選手・菊池雄星選手がメジャーデビューを飾る日だったため、イチローさんは「菊池投手が1球を投げるまで（引退発表の）リリースは出さないで欲しい」と球団広報に焚き付けていたのです。菊池投手にはもちろん内緒にし、彼がメジャーリーガーとして1球を投げた後、イチローさんの引退は発表されました。

少しずつの積み重ねでしか自分を超えていけない

その試合後に行われた記者会見では、彼の現役生活28年の軌跡を振り返るかのように、イチローさんが考えていたことを世間が知るきっかけになりました。

努力家として知られるイチローさんはどうして、そこまで頑張ってこられたのでしょうか。

生き様について質問が飛んだ時、イチローさんはこんな話をしました。

「生き様というのは僕には分からないですけど、人より頑張ることなんてとてもできないんですよね。あくまで秤は自分の中にある。それで自分なりに、その秤を使いながら自分の限界を見ながら、ちょっと超えていくということを繰り返してきました。そうすると、いつの日か、こんな自分になっているんだという状態になっている。だから、少しずつの積み重ねでしか自分を超えていけないって思うんですよね」

イチローさんはこの日の引退試合を迎えるにあたって、相当に過酷な日々を過ごしています。

この引退試合からおよそ1年前のことです。

2018年にマリナーズと1年契約を結んだイチローさんでしたが、5月にベンチ入りメンバーから外されることになりました。

どういうことかというと、メジャーリーグではベンチに入ることができる人数の枠が決まっています。

その枠から外されることが決まりました。つまり、選手としては除外されてしまったわけです。

普通のケースだと、多くの選手はここで引退を決断します。ところが、球団から今シーズンの出場はできないが、数少ない可能性として、翌シーズンに再契約の可能性がある。そこで結果を残せば、チームに残ることができるとのことで、東京で開幕シリーズの出場も可能だと伝えられました。


すると、イチローさんはそのままチームに残って練習に参加しながら、試合に出ることができない日々を過ごす選択をしたのです。同年は試合出場が不可能であることを受け止めた上で、翌年の再契約にかけ、そして、結果的には引退試合になった東京での試合を目指すことにしたのです。

つまり、イチローさんはこの年のシーズンが終わるまで、全く試合には出られない日々を覚悟して練習に励んだのです。

半年以上の期間、どれほど努力しても報われなかった。

翌年にチャンスは与えられるかもしれないという可能性だけを信じて、我慢の日々を過ごしたというわけです。

この時間におけるイチローさんの野球への向き合い方は想像を絶します。対目標、何かのためにではなく、自分を比較対象にしながら研鑽の日々を過ごすのですから。

イチローさんはそんな長い日々をこう振り返っています。

「去年（２０１８年）の5月以降、試合に出られない状況になって、その後もチームと一緒に練習を続けてきたわけですけど、それを最後まで成し遂げなければ、今日のこの日はなかったと思うんですよね。今まで（メジャーリーグで）残してきた記録はいずれ誰かが抜いていくと思うんですけど、**5月からシーズン最後までのあの日々はひょっとしたら誰にもできないことかもしれないという風なささやかな誇りを生んだ日々でもあったんですね。**だから、そのことがどの記録よりも自分の中ではほんの少し誇りを持てたことかな」

世の中で嘘をつけない相手がいます。それは自分自身です。
やるべきことをやらなかったことを周囲にやった風に見せることは可能です。しかし、
やらなかった事実は自分には残り続けます。

「秤は自分の中にある」

自分というものに戦い続けて、２０１９年3月21日、イチローさんは見事に有終の美を飾りました。

人生を生きていく上で決して逃げることができない事実があることをイチローさんの言葉から学びました。

説明できる打席が増えてこないと、打てたことにはならない

メジャーリーガー
大谷翔平

自分よりはるかにレベルの高い舞台に身を置いた時、人は二つの感情に苛まれると言います。

一つはこんな世界ではやっていけないと偉大な人たちの姿に圧倒されてしまう。もう一方は、そんな偉大な人たちと時間を共有していくうち、自分の能力が引き出されていくという不思議な感覚を得ることです。

スポーツにおいては、後者の意味合いが特に強いと言えます。

世界に名だたるスーパースターたちと肌を合わせることによって、自分もその世界を知り得ていく。異国の地であれば言葉の壁や文化風習の違いにもぶち当たる。しかし、そこに馴染んでいくことで新たな能力を得ていくのです。

1990年代後半、**野茂英雄**《のもひでお》さんがメジャーリーグで成功を収めてからというもの、日本人がメジャーリーグで活躍することは珍しいことではなくなりました。それ以前まで、メジャーリーグに挑戦することがほとんどなかっただけに、野茂さんの成功は日本人に大きなものをもたらしました。

一つには野茂さんの活躍で日本人が希望を持てたこと、もう一つは世界が日本人選手を認め出したことでもあるとも言え、両面が日本人にもたらしたことがとてつもなく大きいです。野茂さんはいわばメジャーリーグへの門戸を拓いた「パイオニア」と評されるわけですが、その世界を体感した選手たちが何を感じたかは日本野球界の財産そのものとも言えるのではないでしょうか。

野茂さんが果たした〝限界突破〟が日本に新しい概念をもたらしたのです。そんなメジャーリーグの舞台において、新たな限界に挑戦しようという選手が登場しました。

大リーグ・エンゼルスに所属する大谷《おおたに》翔平《しょうへい》選手です。

日本人プレイヤーとして初めてメジャーリーグのオールスターのホームランダービーに出場。投手として9勝を挙げ、打者としては46本塁打をマークするという、投打の二刀流選手としてとてつもない偉業を達成しました。

規格外とも言える活躍の原点は高校時代から抱き続けてきたある思考にあります。

大谷選手の限界突破は18歳だった高校の頃にすでに始まっていたのです。

彼がまだ18歳だった花巻東高時代、僕の取材に際し、こんな話をしています。

「僕は高校生で160キロを出すことを目標にしました。そして、それを達成することができました。ただ、**僕が160キロを目指したのは、それを達成することができれば、後にも160キロを目指す選手が現れてくると思ったからです。**野球のレベルって、そうやって上がっていくのだと思います。野茂英雄さんがメジャーリーグで成功されて、日本の野球選手の目標レベルが上がりました。日本人はメジャーリーグを目指すようになりました。僕も野茂さんのように世界の舞台で活躍できるような選手になりたいです」

大谷選手のこの言葉を思い出すたび、18歳とは思えないと感じるのはもちろんですが、その後の活躍を見ていると、目指しているその先はとてつもなく高いところにあり、その一貫した姿勢が彼のプレイヤーとしての強さを生み、高いところへと向かわせているのではないかと感じました。

彼はこの言葉通りに、誰もが不可能だと言った二刀流を成功させ〝限界突破〟を示そうとメジャーリーグの舞台で躍動しています。その姿勢には本当に頭が下がります。

大谷選手は高校時代、目標設定を明確にするため81マスからなるマンダラチャートを作成して、夢の実現を目指してきました。これは花巻東高校の全選手が取り組んできた、いわば、選手たちのお守りみたいなものです。

マンダラチャートとはまず真ん中に目標を書きます。大谷選手はそこに「ドラ1 8球団」と書きました。プロ野球のドラフト会議で8球団から指名を受けるという意味ですが、先輩である菊池雄星（マリナーズ）の上をいくという意味で設定されたと言います。

そして、その目標を実現するための構成要素として、8つの項目を書いていきます。「スピード160キロ」「人間性」「キレ」「変化球」「体つくり」など。そして、この8項目を実現できるための必要な要素を8個書き出し、一つ一つクリアーしていくのです。

いわば、**大谷選手は目標設定、ビジョンをつくり、計画的に物事を進めてきた**というわけです。彼の恩師・佐々木洋監督によれば「大谷のチャートは（先輩の）菊池雄星を参考にしたもので、雄星の上を目指し続けてきた」とのこと。そして、それらの多くを実現させてきたということです。

大谷選手の根幹にあるのは夢を実現させるための計画的な行動であり、その先にあったのが、誰もが不可能だといった二刀流を成功させ〝限界突破〟を示した今の姿であるということです。その姿勢には本当に頭が下がります。

ただ、彼の言葉や計画的な行動は僕らビジネスの世界に置き換えても同じことが言えるのではないでしょうか。

ビジネスマンが、ある斬新なアイディアを考えついて新しい道を開いたとしたら、それが当たり前になり、みんながそこを目指すようになるでしょう。僕の仕事においても、ジャーナリストとして新しい道を発掘することができたら、それが当たり前になり、ジャーナリストの後輩たちは僕のいる場所を目指すようになります。

結果オーライではなくて、裏付けがある心がけをしたい

大谷選手の言葉「目標のレベルが上がれば野球のレベルは上がる」は、まさに自分がいる世界をさらなる高みに導いていく誓いの言葉であり、彼はあのマインドを忘れなかったからこそ、今の位置を確立できたのではないかと思います。

もし、大谷選手が日本国内で活躍するだけでいいという目標設定をしていたとしたならば、どれほど成長できたでしょうか。彼が持っている技術の一つ一つは「世界の選手に目指される選手になりたい」と夢を持った時点から高いところに設定されていたに違いありません。

大谷選手が日本時代、自分のバッティングのこだわりについて次のような発言をしています。潜在的に持っている力を言語化できる彼の能力から、アスリートの信念を垣間見る

言葉です。

「なんで打てたのかということがちゃんと説明できる打席が増えてこないと、それは本当に打てたとは言えないと思う。いい反応をして、いい軌道が生まれたバッティングがホームランにつながる。つまり、自分が求めていきたいスイングをした時にはホームランになるんですけど、例えば、たまたま、バットに当たってヒットになったものは、説明がつかないじゃないですか。そうならないようにするための努力をすることを大事にしたい」

人間は目の前の結果に左右されやすい生き物であると思います。

ただ、一時の結果に一喜一憂していることはあっても、その結果が偶然の産物であるのか、大谷選手が言うところの「説明できるもの」であるかどうかを自分の中で理解することは本質を高めることにつながります。

つまり、**結果オーライではなくて、裏付けがある心がけをしたい。それができていれば、自ずと結果は出る確信がある**というのが大谷選手の考え方であると言えます。

日本時代、あるいは、2021年のシーズン46本塁打をマークした大谷選手がホームランを打った時の姿を思い返してみてください。または、YouTube の動画を見直してみると分かるのですが、彼はホームランを打ったほとんどの打席で、スタンドに入ることを確信してゆっくり見上げながら走っています。それも打った瞬間の出来事です。

彼の中で「説明できるスイング」だったから、そのように堂々としていられる。すべてを結果オーライにせず、裏付けのあるスイングができたという自負があるから、それはホームランになる。確信めいて走る姿勢を批判する人もいると聞きますが、あの「確信歩き」にこそ、彼のプレイヤーとしての信念があるものと言えます。

そう考えていくとものすごい事実に気づかされます。

先ほどの発言は日本ハムでプレーしていた時のものになりますが、「説明できるスイング」という彼の信念は舞台が世界最高峰のメジャーリーグになっても変わらなかった。つまり、彼は日本でも世界が舞台であっても、結果に一喜一憂することなく追求し続けてきたということです。

レベルの高い舞台を経験した日本人メジャーリーガーたちが口を揃えていう言葉の一つに「自分でも想像できない力が引き出される」というものがあります。自分でも想像し得なかった感覚が得られるとのことです。

大谷選手は日本のプロ、メジャーリーグへと段階を踏むごとに、そのこだわり＝信念を増強させていった。そして、今のパフォーマンスを発揮する力を勝ち得たことになります。

大谷選手は自らの目標をこう語っています。

「自分が現役でいるうちは、トップでい続けたいという想いはあります。そのトップとは世界のトップです。全く人種も異なれば、やっている国、国籍も関係なく、ただ単に野球をやっている人たちの目標とされるような選手になりたい。野茂さん、イチローさんは、野球をする人たちにとってそういう存在だったと思っているので、自分もそうなっていきたい」

大谷選手は常に限界へ挑戦をしようという気持ちを持ち続けている。

野茂さんやイチローさんが果たしたように、**不可能だとされた限界を超えていくことによって、世の中の当たり前を変えていく。**大谷選手の言葉から、限界突破を果たしていくことで生まれる新たな世界があることを学びました。

アスリートたちの限界突破

プレッシャーを作るのも消すのも自分

元メジャーリーガー
黒田博樹

プレッシャーに強いと言われる人がいます。

ファンや周囲の期待に必ず応えてくれ、土壇場の場面に強かったり、チームを救って欲しい時に最高のパフォーマンスを見せる。そういう選手たちを見た時に僕たちは彼らの精神性の強さを感じずにはいられません。

どうやってプレッシャーを乗り越えていくのだろうか。

日頃から自身を追い込んでいるから乗り越えられるのだろうか。

勝手に想像して極限のプレッシャーを乗り越える彼らにリスペクトする、偉人とさえ思う。

しかし、実は答えは意外と簡単なところにあるものです。

元メジャーリーガーで日本のプロ野球では広島で活躍。20年の現役生活を全うした**黒田《くろだ》博樹《ひろき》さん**の言葉にはハッとさせられました。

１９９７年にプロ野球の広島に入団した黒田さんは最初の11年間に１０３勝をあげて防御率３・６９の成績を残しました。２００６年のシーズンオフに、当時取得していたフリーエージェントの権利を行使して、アメリカ・メジャーリーグのロサンゼルス・ドジャースへ移籍しました。

黒田さんにインタビューしたのは、そんなメジャー1年目を終えてオフに帰国した時のことでした。

メジャー初年度の成績は31試合に登板して9勝10敗。リーグ優勝に貢献し、ポストシーズンでも2勝を挙げるなどの活躍を見せました。とはいえ、怪我などでシーズン中に離脱することもあり、様々な経験をした1年目のシーズンでもありました。

そんなシーズン中、凄まじいピッチングを見せた時もありました。怪我から復帰後2登板目のことで、その試合では勝利どころか8回までランナーを一人も許さない完璧なピッチングを見せたのです。結局は1安打を浴びたのですが、復帰2戦目で完封勝利を飾る離れ技でした。

あわや大記録達成のこの時の黒田さんの精神性には度肝を抜かれました。

プレッシャーがかかる場面だったにもかかわらず、それをもろともせず自分の力を発揮する黒田さん。ここぞの場面に強い精神性を発揮するスタイルはさすがの一言です。

なぜ、そんなに強くいられるのか。その背景を探るべく尋ねると、黒田さんから返ってきたのはこんな言葉でした。

「当然、試合で投げる時はプレッシャーを感じるけど、感じ方も自分次第でコントロールできると思うし、しないといけない。考え方一つだと思うんです。プレッシャーを作るのも、自分の考え方一つで、大きくなったり、小さくなったりする。大きなプレッシャーを感じるけど、それを自分でどううまくエネルギーにしていくか、ゲームに対するモチベーションに変えていくのが大事だと思う。いろんなものをプラスにしていかないと、なかなか、プレッシャーのかかった場面でいいピッチングをしていくのは難しい。考え方はそれぞれ、それぞれが個人の技術だと思う」

正直、この答えを聞いて僕は恥ずかしくなりました。

黒田さんには現役時代から「この試合に勝たなければいけない」試合でこそ、いいピッチングをしている印象がありました。

メジャーに行って初登板初勝利を挙げたり、先述したように、怪我明けの2戦目に完全試合を達成するんじゃないかというようなピッチングを見せて完封勝利を挙げたりと。

みんなが勝利を求めてくるようなケースであっても、何とも思ってなかったかのように結果を残す。むしろ、プレッシャーがある時ほど力を発揮するんじゃないか。プレッシャーが大きければ大きいほどそれを力にして跳ね除ける力を持っている。そういう才能を持っているのかなと思ったほどです。

しかし、先ほどの黒田さんの言葉を聞くと真逆でありました。

「プレッシャーがきつい？　それはあなたが思っていることでしょ？」

黒田さんの先の言葉はこういうふうに解釈できると思います。

世の中の人が「すごいプレッシャーがかかる」というのは誰かが作り出した架空のもの。言い換えればそう感じた人のものだけでしかないんです。当事者がどう受け止めるのかは別問題ということです。

周囲や僕が「プレッシャーがかかる」と思っても、本人が「え？　こんな場面で俺投げていいの？」という考えでいられたら、プレッシャーではなくなります。喜びに変わるわけです。

しかし、それを「すごいプレッシャーだ」と思ってしまった人はめちゃくちゃ重たいものを背負って戦わなければいけなくなります。例えばシーズンのチーム成績とは関係ない普通の試合で極度のプレッシャーを自分にかけすぎてしまったら、その中で結果を残すのは容易ではありません。

つまり、プレッシャーは人が勝手に作ったものであって、実は必要以上に考える必要はないと黒田さんは捉えているわけです。

仕事をしていて、すごくプレッシャーを感じる場面に直面する人は多くいると思います。しかし、そこでちょっと一歩落ち着いて、黒田さんのように考えてみると、少し楽な気持ちになれるのではないでしょうか。

上司がいろんなことを言ってきているけれど、それは自分に対しての期待と受け取るのか、この仕事をうまくしなきゃクビになってしまうと考えるのかで大きく変わります。過剰に意識しすぎてしまうことで、うまくいかないっていうことが結構あるというのが黒田さんの言葉からは読み取れます。

黒田さんへの取材で、僕は怪我から復帰した2戦目にいいピッチングを見せなければいけない試合であることを前提にして、「1安打完封」の離れ技を果たしたことに驚きを隠さずに尋ねましたが、僕の思う「プレッシャー」は黒田さんにはなかったということなのです。

プレッシャーは、そうして自分を周囲の期待として追い込むことで辛くさせることがある。黒田さんはプレッシャーを増大しすぎないための努力をしてきたということです。

もっとも、これは逆も言えると思います。

たいした仕事ではないと思うと気を抜いてしまう。油断してしまいがちになると、時に失敗を犯してしまい、結果が出るはずのものも出なくなってしまう。信頼を失墜してしまう時だってあります。

そこで、あえて自分にプレッシャーをかけてみる。そうすることによって緊迫感を生み、質のいい仕事ができる。黒田さんはそうしてプレッシャーを自分の中でコントロールするという技を体得してきたから、どんな試合でも自分の力を発揮することができたのでしょう。

このプロジェクトを成功させなければいけないと、我々の仕事にもプレッシャーがあると思います。会議の日まで眠れない夜が続いたりする。けど、もう一度立ち返って考えて適度のプレッシャーで仕事に向き合えばいい結果が出るかもしれません。

大きすぎず小さすぎず。エネルギーに変える努力をしていくことで好結果を生む。自分へのプレッシャーを少し解放してあげることで、自分の力が発揮できる。

黒田さんのプレッシャーを乗り越えるための思考法は我々に置き換えても同じことかもしれません。

トレーニングや体のメンテナンスにお金をかけてください

元メジャーリーガー
松坂大輔

新しく生まれた概念から過去のことを否定するのは簡単です。

例えば、**日本の野球界では古くから体罰の指導が当たり前とされてきました。**しかし、昭和から平成、令和へと時代が移り変わっていく中で日本人の気質にも変化が生まれ体罰を肯定することはなくなりました。

それは時代を経ていくことで生まれた変化でした。過去の指導法は間違っていたかもしれませんが、それは日本人が知らなかっただけです。世界を知り、今を知ることで変わっていった。それは進歩であり、成長であるのです。

つまり、過去は否定されるものではありません。今、新しく生まれた概念から考えれば、「過去は間違いだ」というマインドはあっても、過去を非難することに意味はありません。なぜなら、私たちは、当時、将来は間違っていることになる概念を知らなかったからです。大事なのは過去の否定ではなく、新しい概念が生まれた背景をしっかり見つめ直し、同じ繰り返しをしないことなのではないでしょうか。

2021年、二人の甲子園ヒーローが現役引退を発表しました。西武ライオンズの投手

松坂大輔《まつざかだいすけ》選手と日本ハムファイターズの投手**斎藤佑樹《さいとうゆうき》選手**です。

松坂投手は98年の甲子園、春夏連覇を達成。決勝戦はノーヒット・ノーランという偉業を達成しました。一方の斎藤投手は２００６年夏の甲子園において、決勝戦が再試合にもつれる中、２試合連続完投勝利を挙げて優勝に導きました。青色のハンカチを取り出して汗を拭う姿に「ハンカチ王子」というニックネームまでついたほどです。

数々の偉業を成し遂げ「平成の怪物」と言われた松坂選手と「ハンカチ王子」とフィーバーを巻き起こした斎藤選手。

二人に共通していたのは彼らの甲子園での活躍が高校野球人気を高めたこと。そして、同大会で彼らが投げた球数があまりにも多く、それがその後の野球人生に影響を与えたことでした。

松坂選手の功績は凄まじいです。

というのも、１９９０年代に最盛期を迎えた高校野球は日本高校野球連盟が発表した観客動員者数によると、90、91年のピーク時の90万人台から下降線を辿り、96、97年には60

万人台まで減っていました。

92年にJリーグが立ち上がり、漫画「SLAM DUNK（スラムダンク）」の流行とともに、サッカーとバスケ人気が高騰し始め、野球は人気スポーツの第一党の座から揺らぎつつあったのです。

そんな折に高校野球に登場したのが松坂選手でした。

97年の秋の明治神宮、98年春・夏の甲子園を連覇。横浜高、そしてエースの松坂は誰しもが目標とする存在となり、同世代の球児たちを刺激したのです。同年の甲子園の大会は盛り上がりました。

夏の甲子園の観客動員数は90万近くまで回復。記念大会であったため、出場校数が増えたから参考記録とも言えるものの、1日の平均動員数では3000人もアップ。当時の盛り上がり具合がいかに凄まじかったかが分かると思います。

松坂選手のおかげで高校野球人気は活況を取り戻し、2006年に斎藤選手の登場を迎えて、大フィーバーを巻き起こしたのでした。以後、早実のスラッガー清宮幸太郎や20

18年の甲子園で準優勝した金足農業による「カナノウ」旋風などは松坂選手の存在なくして語れないのです。

そんな松坂選手は高校野球を卒業してからも第一線で活躍し続けました。プロで入団した西武ライオンズでは1年目から16勝を挙げる活躍。二桁勝利を3年連続でマークすると、投球イニングは200に達しました。4年目こそつまずきましたが、ほぼ毎年のように二桁勝利を挙げ、リーグトップの完投を何度も記録したのでした。

2007年にメジャーリーグのレッドソックスへ移籍。この時のポスティング・フィーは当時のレートで60億円を超えました。これは日本の選手・球団に夢を抱かせたし、移籍初年度から15勝を上げてワールドチャンピオンにまで上り詰めるなど圧巻の一言でした。

さらに、松坂選手は日本時代から代表チームに参加することも忘れませんでした。五輪にはシドニー（2000年）とアテネ（2004年）と二度出場。レッドソックスへ移籍する1年前には第1回WBC（ワールド・ベースボール・クラシック）に出場してMVPを獲得しました。そして、2009年の2回目のWBCにはメジャーリーガーとして出場し、連覇に貢献、再びMVPを獲得しています。

松坂選手は腕を振り続けたのです。これほどの投手は過去、そして現在もいません。ここ最近では体調面を考慮して代表辞退をする選手も少なくないですが、松坂選手はそうしたコントロールをすることなくマウンドに立ち続けてきたのでした。

ところが、２００９年のＷＢＣ以降、松坂選手の野球人生に暗雲が立ち込めます。２００９年、２０１０年と連続して二桁勝利を逃すと身体に変調をきたすことが多くなり、２０１１年、右肘靭帯が損傷していることが分かり、トミー・ジョン手術を受けることとなりました。復帰までにおよそ1年を必要とする大きな故障でした。復帰後は3シーズンにわたりメジャーで過ごしたものの、もとの松坂に戻ることはありませんでした。

その後、日本に帰国、ソフトバンクで3年、中日ドラゴンズと西武ライオンズでそれぞれ2年所属しましたが、６勝を挙げたのみで、２０２１年に引退したのでした。

松坂選手が日本球界に残したのは数々の記録だけではありません。

高校時代、準々決勝のＰＬ学園戦で延長17回に及ぶ死闘の中で、一人で1試合を投げ切りました。決勝戦まで4連投をこなしました。今では考えられないことですが、当時は、なんでもやってくれるのが松坂選手だったのです。

しかし、こうして松坂選手の現役生活を振り返ると人生の後半は怪我で苦しんだことが見て取れます。ただ、それは彼が限界まで挑戦して腕を振り続けたからこそ分かったことであり、**彼の全力投球が今の野球界に与えた影響は少なくないのです。彼の苦しみから日本の野球界は学ぶことが必要なのです。**

引退試合のあった日、彼が西武ライオンズのチームメイトに向けた言葉は彼にしか語れない深いものでした。

「去年、ライオンズに戻ってくることができたんですけど、なかなか皆さんと一緒に野球をする時間がなくて非常に悔いが残ります。みんなと一緒にプレーをして、たくさん勝って喜びを分かち合って優勝したかった。**23年やってきて、半分以上は怪我**と戦ってきましたが、皆さんも体のケアーを十分にされていると思いますけど、やりすぎてはダメなことはないので、**トレーニングや体のメンテナンスにはお金をかけてやってください。そして、皆さんが1年でも長くプレーできることを願っています**」

日本の野球界は過去から学ぶことができました。

それは「平成の怪物」と言われ、限界までその腕を振り続けた松坂選手がいたからこそなのです。これは同じく2006年夏の甲子園で1大会900球以上も投げた斎藤佑樹選手についても然り。2021年から甲子園の舞台で始まった球数制限や諸々の登板過多問題がクローズアップされるのは彼らのおかげであるのです。

過去を否定するのではなく過去から学ぶ。

どの業界においてもこの精神を忘れてはならないのです。

絶対に野球には裏切られないという気持ちでマウンドに立つ

元中日ドラゴンズ
山本昌

プロや厳しい世界での格言の一つに「いい人は大成しない」というのがあります。

人格者では荒波を乗り越えることができず、潰されていくという意味なのですが、これにはエビデンスはありません。おそらく「変人」と言われる人物が成功者の数人の中にいたから、そういう風に呼ばれた都市伝説的なものでしかなく、実際問題、これは事実ではないと個人的には思います。

僕はおよそ20年にわたり、野球界に関わる数多くの方の取材をしてきましたが、悪人にあった経験はほとんどありません。若気の至りで、態度が横柄な選手がいないわけではありませんが、プロの世界が「性格の悪い人間ばかり」という印象を持ったことはないのです。

ただ一つ言えるのは、人格者は多くいて、特筆するような存在が野球界に大きなことをもたらし、彼らの言葉には重みがあったということです。

そのうちの一人が**山本昌《やまもとまさ》さん**です。

中日ドラゴンズの選手として現役生活を32年にわたって続けたレジェンド中のレジェン

ドと言えるような選手です。

山本さんの成績は素晴らしいです。日大藤沢高校を卒業して5年目の1988年にプロ初勝利を挙げると、93、94年は連続でセ・リーグ最多勝のタイトルを獲得。93年には防御率とのW受賞、94年には沢村賞も獲得しています。

2000年代に入ってからは、2006年に史上最年長でのノーヒット・ノーランを達成。2008年にプロ入り通算200勝を挙げ、プロ野球史上最年長勝利投手記録も成し遂げています。まさに、記録づくしの現役生活でした。

しかし、そんな山本さんも、何度か、引退の危機に直面しました。特に、山本さん自身も記憶にあると振り返っているのが28年目のシーズンのことでした。

その年は足首の怪我もあり、一軍はもちろんのこと、二軍のマウンドにも上がることができませんでした。山本さんは、その時はさすがに限界と思い、引退を申し入れたそうです。

ところが、球団は大幅な減俸ながらも再契約を打診してきたのです。本人も当初は「なぜだか分かりません」と振り返るような出来事です。

ただ、記憶を遡って自身の行動を振り返ってもらうと、こんな言葉を絞り出してくれました。

「巡り合わせや自分の記録にも助けられたんでしょうけど、**ただ、一つあるとしたら、怪我をしても、もがいて練習している姿を誰かが見てくれていたのかなって。すぐに練習を切り上げていたりしたら、おそらくダメだったでしょうね。**誰かが見てくれて、もう1年やれって言ってくれたのかなと」

翌年、山本さんは見事に復活を遂げると、それから4年の現役生活を続けました。日本プロ野球史上最年長勝利投手記録はこの時に挙げました。もし、2011年時点で引退をしていたら、輝かしい成績はもう少し低いところで収まっていたかもしれません。

正しいと思ったことやモラルを一つ一つ重ねていく

山本さんはそうして真面目にプレーすることで首脳陣からの評価を得ることができたわけですが、それは彼自身があの1年だけ、そうしてきたわけではありません。山本さんの信念そのものが周囲に影響を与えたものと言えます。

というのも、山本さんは現役から一貫して続けてきたことがありました。

それは「グラウンドでは絶対に唾を吐かない」という彼なりの決め事でした。

海外ではもちろん、日本の野球を見ていると、試合中に唾を吐く選手を見かけると思います。特に暑い時は喉が乾燥したり、砂埃を吸ってしまって口の中が気持ち悪くなり、唾を吐く選手がいます。

皆さんも、スポーツや運動をしている時など、唾を吐きたくなったことがあるのではないでしょうか。

しかし、山本さんは、その行為をプロ野球選手としてプレーしている間、一度もしたことがないというのです。ここに山本さんの信念があります。

「『これだけのことはやった』とか、『こういうことはしない』と決めて実践する。そういうより所があって、絶対に野球には裏切られないという気持ちでマウンドに立てると思って続けてきました。唾を吐かないこと、落ちているゴミを拾う。ホームベースをプレーと

は関係ないところでは踏まない、などです。正しいと思ったことやモラルを一つ一つ重ねていけば、心のより所になる。不安要素をなくしていくことで、それが力になる。自分の人生がプロ野球選手として成功したと思えるとしたら、それらがプラスの要因になっていると思います」

何事もそうだと思いますが、信じられる何かを持っている人間は強いです。いわゆる、自分の中に課題を作り出して、それをやり続ける。定着するまでに時間がかかることですが、それを続けることがその人の強さにつながる。

他人がやっているからではなく、自分の中に軸を作ることで、自信を芽生えさせる。山本さんは「何事でもいい」ともおっしゃっています。やり続けること、特にモラルを大切にしていくと人を強くしてくれる。

僕もこの話を聞いた時は、納得させられることも多かったです。モラルは大事にしていきたいところです。

決め事を実践することの難しさは、誰かに言われているから続けていることではないところです。誰かにチェックされているわけでもないので、誤魔化すことができる。ただ、これは人間の強さを計る要素の一つでもあると思います。

例えば「嘘」は誰にでもつけると思ったら大間違いです。あらゆるどんな嘘も、この世の中でたった一人、嘘をつけない相手がいます。

それは誰かといったら「自分」なんですね。例えばお母さんとかお父さんに「お前、今日、歯磨きはしたのか?」と聞かれて、嘘をついて「磨いた」と言ってもバレないようにすることはできます。歯磨きをしていない証拠を消せば良い。

しかし、歯を磨いていないのに磨いたと言った嘘だけは自分に残る。つまり、決め事とは自分との約束事なんです。守ったかどうかは対外的にではなく内側にある。それを乗り越えた人は自分に嘘をつかず、決め事を実践できる。

だから、当然、自分で決め事を実践し続けることはそれくらいに難しく、たどり着いた先に見える希望は果てしなく大きい。

しかし、できなかったとしても、そこに自分の弱さを見つけることもできるので、決め事を作るということは人生のプラスになることは間違いありません。

例えば、僕が守っているモラルは、記事を書く時、あるいは、週刊誌などのインタビューでコメントを求められた時、必ず、名前を掲載してもらうことにしています。

このご時世、ちょっとした発言を拾われてバッシングを受けることもあるので、身を隠すことをする人も多いですが、メディアに意見を言う以上は、自分の身を明らかにして話すことにしています。

その信念があり、僕は発言する時に自信を持てるようになりました。私事ですが、モラルを積み重ねていくことで得られるものもあるということです。音声配信を続けてこられたのも、本名を常に明かし、顔もさらけ出して自分に信念を持って生きてきたからかもしれません。

これは山本さんから学んだことであるのは間違いありません。

自分からことを起こさないことには何も始まらない

元メジャーリーガー
田口壮

同じ国、同じ環境の中で過ごしていると、意外にも自分たちの習慣に思わぬ落とし穴がある場合があります。**環境が人を育てるという言葉がありますが、それはすべてが良い意味ではなく、時として悪い意味としても捉えられる時があります。**

環境が同じ世界にいる限りはおかしいものとは思わないし、その中で生活している分には、何不自由なくやれるものですが、一歩、外に出てみると、自分たちの育った環境が悪いものではないにせよ、変なクセを導いている時があります。

例えば、先生が生徒に教える教育は詰め込めば、短期的にはある程度の結果が出るかもしれませんが、生徒は「それをやればいい」という思考になり、マインド停止を起こしかねません。

「なんという世界で自分はやっていたんだろう」

日本で最初に日本一になり、世界一にもなった経験を持つ、元メジャーリーガーの**田口《たぐち》壮《そう》さん**（現オリックスコーチ）は米球団に移籍した当初は、その環境の違いに全く気づかなかったと言います。

2002年、セントルイス・カージナルスにマイナー契約で移籍した田口さんは日本でいうところの一軍切符を摑めるかどうかの狭間にいた選手でした。

メジャーリーグのキャンプには招待選手という形で参加。連日行われるオープン戦で結果を出して、メジャー行きを摑む。田口さんはそう意気込んでスプリングトレーニング（日本で言う春季キャンプ）を過ごしていました。

日本にいた時と同じような日々の練習を過ごしていた田口さんが違和感に気づいたのはオープン戦が始まり、全く打てず苦労し始めた時でした。

田口さんからしてみると、なぜ、打てないのかが分からなかったそうです。キャンプが始まってから、首脳陣から打撃の技術面に関して注意を受けたことはなかったし、順風満帆にいっているように感じたからです。

不調が見つからなかった原因は文化の違いによるものでした。

どういうことかというと、田口さんが球団の首脳陣から何も言われなかったのは、彼の実力が問題がないからではなく、単に日本とアメリカにおける、選手と指導者との関係性の違いにあったのです。

アメリカのコーチたちは田口さんの不調に気づいていないのではなく、田口さんが問題を感じている風に思えなかったから、何も言わないだけだったのです。

田口さんは日本時代、バッティング練習をしていると、何か問題があればすぐにコーチや監督が口を挟んできたものだったと記憶していました。高校・大学、そして、プロ野球のオリックスにいた頃も、そうした指導者と選手の関係が当たり前と思って過ごしてきたそうです。

だから、自身に技術的な問題があればコーチや監督が何かを言ってくるはず。メジャーリーグのキャンプが始まった頃は日本と同じ風に考えていました。つまり、指導者側から何も言ってこなかったから、田口さんは「俺の状態は完璧だ」くらいに思っていたということです。

田口さんはこう振り返っています。

「技術的に言えば、アメリカ人投手特有の打者の手元で動くボールに対応できずに僕は悩んでいたんですけど、僕がコーチに対処法を聞かないものだから、チーム側からすれば、

僕が真剣に悩んでいるとも思ってないわけです。それに気づいたのはキャンプの終盤の頃でした。見るに見かねたマイナーリーグのコーチが『直さなアカンぞ』と話をしてくれて、そこで初めて気づいた。キャンプが終わる直前でしたから、もう時すでに遅しでした」

田口さんは開幕を前にマイナー行きの宣告を受けることになりました。その後、6月に数試合のメジャー昇格はありましたが、またマイナーに降格しました。一時は2Aまで落ちたこともあるほどどん底まで行きました。ただ、9月にメジャーの昇格枠が広がったのを機に、メジャー再昇格。そこで結果を出すと、翌年からはメジャーで活躍する機会が増えました。

自分の意見を持っていないと生き残っていけない世界

そして、2006年、チームが好調だった中でベンチ入りを果たした田口さんはワールドシリーズに出場。試合の終盤で送りバントを決めるなど、日本人らしい緻密な技を見せることでワールドシリーズ制覇に貢献することができたのです。

田口さんはマイナーまで落ちた経験をこう語っています。

「選手との接し方が日本とアメリカでは違います。アメリカは特長や性格を見ながらやってくれる。だから、こちらとしても、接しやすいです。何でも言えますし、意見交換がしやすい。**監督になんで僕を使わないんだと言いに行ったこともあります。**アメリカは、練習内容でも、自分に合わないと思ったら言えるんです。でもね、それはつまり、アメリカは自分で責任を取らないといけないということでもあると思うんです。あれだけ人数がいて、野球人口が多い。その中で、生き残っていこうと思ったら、自分がしっかりしないといけない。自分の意見を持っていないと生き残っていけない世界だということなんです」

日本はいろんな意味で、過干渉なところがあります。親が子にする子育てでも、学校の教育でも1から100までを教え込むのが一般的です。そうすることで、親や大人の思うようになり、平均的な能力に優れた人材が生まれやすいからかもしれません。

しかし、世界の舞台、いろんな人種や才能を持った人間同士が集まる中で「個」の存在を際立たせていこうとするには「自分自身」で考え、行動を起こさない限りは、限界を超えることはできないということなのです。

田口さんは指導に関することを語ってくれていますが、他にも選手同士のやりとり、それこそ、自身の体が疲れてきた時のメンテナンスなど、すべてにおいて、自分で管理するために自ら申し出るのが当たり前だと語っています。

「スクール・オブ・フィッシュ」という言葉があります。要するに「群れる」という意味です。僕はあるビジネス書でこの言葉を知ったんですけど、メダカやイワシなど群れで動く魚のことをイメージすると分かりやすいかもしれません。

なぜ、あの魚たちは集団で動いて活動しているのかと言うと、ああいう風にみんなで同じ動きをしていることによって生存率が高くなるからです。要するに、一人で何か行動をするよりもみんなで同じことをしていけば生きていけるということです。

これをビジネス的にいうと、上司から言われたことをすべてやっておけば会社をクビになることはないと考えて生きていくということでもあります。

言い換えれば、何も考えずに自分の思考を停止させてみんなと横並びにしとけば生きていける一方、新しいものは何も生み出せない。限界を超えることはできない。いかにも日本的な発想ですよね。

田口さんが驚いたアメリカとの文化の違いは、田口さんそのものの問題ではなく、そういう環境に慣れてきたから起きたことなんです。

ティーバッティングをしていて問題点が気になったら、自分から聞きにいく。身体のメンテナンスが必要ならばマッサージを受けたいと自分で言う。練習を早い時間からしたかったら自分から申し出る。**すべて自ら起こさないと変わらないし、人生を変えられないんです。**

これは野球だけに限らず、日本の企業や多くの人が陥っている習慣や文化の問題なのかもしれません。

「自分がことを起こさないと何も始まらない」

スクール・オブ・フィッシュでは生きていくことはできても限界突破はできない。環境に合わせてマインドを変えたことで田口さんは世界一になったのでした。

プレッシャーを味わい
ながらやっていかないと、
きついプレッシャーが
かかった時に
弱くなってしまう

メジャーリーガー
前田健太

人間には様々なタイプがいます。

例えば、過度なプレッシャーに直面した時に、それをどう受け止めるか。強靭なメンタルがあれば、それを跳ね除けようとすることもできるかもしれません。しかし、それがどのような人間にもできるかというと、そうたやすいことではありません。

プレッシャーに打ち勝つために、何とか、心を空っぽの状態にすることで勝ちたい気持ちで挑む。一方で、そのプレッシャーこそ、周囲からの期待だと受けて取り組む。どちらにも成功者は生まれるもので、どちらが正しいというわけではないのですが、**人にはそれぞれ特長・性格があって、プレッシャーの乗り越え方は千差万別なのです。**

「僕は緊張感があった方がいい。紅白戦とか、オープン戦で投げるより、プレッシャーがかかった試合の方が力を発揮できるんです」

そう語っていたのはメジャーリーグ・ミネソタ・ツインズの投手、**前田《まえだ》健太《けんた》選手**です。

今季、日米通算150勝に到達した前田選手は日本の広島カープに在籍していた時には、4年目の2010年にセ・リーグの投手部門のタイトルを総なめにしました。最多勝、最優秀防御率、最多奪三振のタイトルを獲得。さらに、その年の最高の投手に送られる沢村賞を受賞しました。

この年の活躍をきっかけに広島のエースとして君臨し、2013年にはWBC日本代表の一員としてアメリカの舞台でも好投を見せました。話は前後しますが、2012年にはノーヒット・ノーランを達成しています。

そんな前田選手は緩い緊張感だと力が発揮できず、むしろ、プレッシャーがかかる舞台こそ、自然と力が湧き出てくるのだと言います。前田選手の場合、そのメンタルはプロになって培われたものではなく、そのルーツは高校時代にまで遡ります。

プレッシャーとの付き合い方を知る

中学時代から名を馳せていた前田選手は高校野球の名門・PL学園に進みます。桑田・清原を生んだことで知られる甲子園の強豪です。全ポジションにプロ野球選手を輩出するなどプロ予備校として知られています。

当然、前田選手もプロ入りを目指してPL学園へ進学したのですが、入学してすぐに甲子園出場のチャンスが訪れます。

高校1年夏、大阪大会決勝が延長15回で決着がつかず、史上初めてとなる引き分け再試合にもつれ込み、その試合の先発を任されたのが前田選手でした。

大阪大会史上初の決勝戦の再試合に1年生が登板することは簡単なことではありません。しかし、この大役を前田選手はのちにこう振り返っています。この言葉に彼の野球人生が映し出されていると言えます。

「こんな試合に先発できる。めっちゃ目立てるやんって、そんな気持ちでした。相手は3年生ばかりでしたけど『うわぁ3年生や、抑えられへんかったらどうしよう?』という不安な気持ちはなかったです。むしろ『こいつら3年生やのに1年生の俺に抑えられているる』『この試合で勝てば目立てる』と。いい発想を持って望みましたね」

プロに進み広島や侍ジャパンではプレッシャーのかかった試合でこそ、前田選手は力を発揮しました。

そうした精神性の強さはこの時に掴むことができたのかもしれません。

前田選手は二度の沢村賞を獲得した後、２０１６年にメジャーリーグのドジャースに移籍しました。そこでは年間を通しての先発の座を掴むことはできなかったですが、ポストシーズンの大事な試合でリリーフに回ると緊張のかかる場面でも必ず結果を残しました。

２０２０年にツインズへ移籍。ここでは先発を任されるようになると、６勝を挙げて防御率２・７０。コロナ禍により試合数が少ない中での成績でしたが、シーズンオフにその年度のベストプレイヤーを決める「オールスター」のセカンドチームに選出。２０２１年には開幕投手を務めています。

６月に日米通算１５０勝目を挙げました。８月に右肘靭帯の損傷が発覚して、今はリハビリ中の身ですが、来年には復帰して目標である日米通算２００勝投手へ挑戦する意向を示しています。

前田選手は自身の心構えについてこう話しています。

「プレッシャーや緊張しないように努力をするという考え方もありますが、僕はその努力が無駄じゃないかなと思うんです。逆にそれを味わいながらやっていかないと、本当にきついプレッシャーがかかった時に、弱くなってしまう。日頃から自分にプレッシャーをかけて、緊張感をもってやっていれば、特別になった時も、自分の力が出せる精神や身体になると思う。緊張しないように何かをするより、期待されていると思いながら、緊張感を高めてマウンドに上がるのが一番いいと思う」

前田選手がプレッシャーに強いと感じさせるのは、そうしてプレッシャーとの付き合い方を知っているからなのだと思います。

プレッシャーのかかる場面に遭遇した時に「やばい」と考えるのではなく「きっと目立てる」と前向きに考える。同じ広島でも、黒田博樹さんとはまた異なる成功法則がありました。

何事も急に良くならない。本当にものにするには時間がかかる

メジャーリーガー
筒香嘉智

人は目先の結果に弱い。

特に日本人は子どもの頃から早朝の漢字の書き取りや中間・期末考査などのテスト攻めに遭い、常に結果を出すことを求められてきました。皆さんもそういう経験をしてきたのではないでしょうか。スポーツにおいても、ほとんどの大会においてトーナメント制が主流で「負けたら終わり」の環境に身を置いていて、常に結果と隣り合わせの生活をしています。

結果がすべて。

そう言われるのですけど、人生でもっとも大事なことはその「結果」をどの段階に求めていくべきなのかということではないでしょうか。

例えば、中学1年生の1学期の中間考査で100点をとることは素晴らしいことですが、そこの結果にばかり執着していて、その後の成績が落ち込んでしまっては意味がありません。1年生の中間テストから成績が下降線を辿り、3年生の受験で志望校に合格できないのであれば、その「目先の結果」とは、いったい、何のために得るものなのでしょうか。

２００９年のドラフト１位でＤｅＮＡベイスターズに入団した**筒香嘉智《つつごうよしとも》選手**は、プロ入り後、目先の結果にとらわれず、将来を見据えて成長を遂げた選手です。

和歌山県から神奈川の横浜高校に野球留学。高校通算69本塁打をマークしました。当然、プロ入り後は「ハマの大砲」として鳴り物入りで入団したのですが、1年目にいきなり7本塁打をマークしたものの、その後は二軍生活を送りました。

しかし、当時の筒香選手は周囲の期待ほどの活躍ができていないことに対して、焦りとは全く無縁。将来を見据えている段階であると話をしていたものでした。

当時の言葉は今思い返しても、頼もしい限りです。

「今すぐにでも一軍で活躍することを周囲の人たちは望んでいると思いますけど、焦って結果だけを求めても、すぐにダメになる。しっかりとした土台を作って将来に向けてやることが大事だと思う。今取り組んでいることが将来に生きてくるようにしていきたい」

筒香選手のマインドを作ったのはアメリカでのトレーニングでした。

野球の、いや、スポーツの本場に行くと、様々なスポーツのアスリートがトレーニングをしていて、ものすごい重量のものを簡単に持ち上げている姿に驚愕したと言います。

さらに、野球選手たちはパワーがあるだけではなく、その体の使い方、バットスイングの生かし方が日本の打者とは全く異なっていて、若き日の筒香選手は「これを習得できれば、自分も本物のバッターになれる」と感じ取ったのでした。

とはいえ、それは一朝一夕でできるものではないということも、筒香選手は同時に感じたことでもありました。その感性が彼の中に「今、取り組んでいることが数年後に生きてくる」という思考を生み出しました。

「新しいバッティングスタイルをみつけるためにトレーニングからすべてを変えたんです。初めてその練習と考え方を教えてもらった時、この取り組みを続けて行けば、絶対、今よりいいバッティングができると確信できました。今、やっていることが、5年後、10年後に生きてくる。このトレーニングは今やっておかないといけないと思えた」

事実、この取り組みが成果として現れるのは、渡米から3年後の2014年のことです。この年、筒香選手はようやくブレークを果たします。

打率3割、本塁打22本を記録して77打点。セ・リーグを代表するバッターへの階段を歩き始めるのです。

ただ、この時の筒香選手はまた謙虚でした。打撃3部門での好成績を挙げたにもかかわらず、目先の結果に一喜一憂したりはしませんでした。当然ですよね。この成績がゴールではないわけですから。それこそ、三冠王を取ること、それを続けることこそ、本当の成功と見ていたわけです。

つまり**筒香選手は、一度きりの成績に充実感など得られなかったのです。**そして、彼の思考はさらなる成長へと向かわせました。翌2015年、打率317、24本塁打93打点とキャリアハイを更新する活躍を見せ、さらには、プレミア12の侍ジャパンに入って獅子奮迅《ししふんじん》の奮闘を見せると、オフの時間を利用してドミニカ共和国のウインターリーグへと出かけたのでした。

ドミニカ共和国のウインターリーグは、日本のシーズンオフの時期に開催されます。国内選手の多くで構成されるものの、そこにはメジャーリーグの名選手が出ることもあります。ただ、8割はメジャーリーグのマイナーに所属する選手が自己研鑽へとやってきます。翌年以降のメジャー契約を勝ち取るため、打者なら多くの打席数、投手は打者との対戦機会を得ることで大きなステップを踏むというわけです。日本の選手も、中日ドラゴンズの若手選手を派遣することがあります。

言ってみれば、ウインターリーグとは若手選手の武者修行の機会と捉えられるわけですが、そんな舞台に、侍ジャパンの中心選手である筒香選手は参加しました。

当然、メディアは色めき立ちました。自分を成長させるための武者修行であることはもちろん、翌年の成績に直結するだろうというストーリーを描いたのでした。

自分がどういう風になりたいのか、何をしないといけないのか

実際、筒香選手は翌年に凄まじい成績を残しました。打率322、44本塁打110打点。2017年にはリーグ3位だったものの、クライマックスシリーズを制して日本シリーズに出場。

日本一は惜しくも逃しますが、さらなる飛躍を果たしたのでした。
メディアはドミニカの挑戦が成功を促したのだと結論づけました。
ところが、筒香選手の思考はそんな単純なものではありません。

「**何事も急には良くならない。本当にものにするには時間がかかると思う。逆に言えば、急にできるようになったというようなことは自分のものにはなっていないということ。だから、続けてやっていくしかない。**その中で掴んだものの深さは離れないものであると思っています。ウインターリーグに参加したことにしても、経験したことが直近のシーズンの成績にどう影響していくかを考えてきたわけではなくて、3年後や5年後にいきてくることだと思っています」

筒香選手は自身の成長を目指してドミニカに渡ったのですが、翌年の急成長を目指したわけではありません。当時の経験が、3、5年後の成長へつなげられるものと思っての挑戦だったのです。

つまり、彼の思考は常に「目先の結果」ではなかったということです。

花壇にキレイな花が咲くのは土の中に種を蒔いたからです。言い換えれば、種を蒔かない限り花が咲くことはありません。筒香選手は、人生において、常に種を蒔くことを怠らなかった。周囲から「結果が出たね」と言われても、そこで終わりにせず、また、一花咲かせるための種を蒔く。そうして人生をいい方向に向けてきたのが筒香選手の人生だということです。

「僕は人とは重ならないと思っています。自分がこれからどういう風になりたいというのをしっかり描いて、そうなるためには何をしないといけないのか。段階を踏んで昇っていきたい」

プロ入りして間もなく語った言葉通りの人生を筒香選手は今も送っています。

2020年、筒香選手は念願だったメジャーリーグへ移籍しました。しかし、1年目のシーズンは打率197、8本塁打と低調に終わり、成績は芳しくなかった。翌年も改善の兆しはなく、5月にレイズから放出されました。

ドジャースとマイナー契約しましたが、そこでも結果は振るわず。8月にはチームを離れることになり、今度はピッツバーグ・パイレーツと契約しました。

多くの日本人は「筒香の挑戦は終わった」と思いました。「早くアメリカ旅行から帰ってきなさい」と言った野球評論家もいました。

いや、彼らだけではなく僕自身も厳しいだろうと思いました。

ところが、移籍してから3試合連続本塁打をマークすると猛烈な勢いで結果を出し始めたのです。目先だけにとらわれることなく、常に、その先をイメージしてきたからこそ、結果は生まれたのだと思います。

花を咲かせるための種を蒔き続けてきたからです。

筒香選手は来季も成長してくれるに違いありません。

Fake it till you make it
うまくいくまでは、うまくいっているフリをする

メジャーリーガー
菊池雄星

プロ野球選手の中にはメンタルトレーニングを取り入れているプレイヤーがいます。

ただ、**メンタルトレーニングには誤解があります。**

まず、僕がそう思っていたのですが、メンタルトレーニングというと、試合で自分の力を発揮するなど弱気にならずに自分をコントロールするというようなイメージがあるのではないかと思います。

緊迫した場面でも自分の力を発揮するためにメンタルを鍛え上げる。メンタルトレーニングをすると聞くと「本番に強い」能力を身につけるために取り組んでいると思われがちです。

もちろん、それはメンタルトレーニングの一つであると思いますけど、それ以外に「セルフイメージを高める」という意味のメンタルトレーニングというのも存在します。**つまり、自分がどういう人物を目指していくかを日常的にトレーニングしていくことで意識を高めていくということです。**

今年、メジャーリーグのオールスターゲームに選出されたシアトル・マリナーズの投手、

菊池雄星《きくちゆうせい》選手は、常に、セルフイメージをコントロールしてきたプレイヤーです。

「試合に負けたりして、落ち込んだりするじゃないですか。なぜ、こんなピッチングをしたんだろうと自暴自棄になってしまう。でも、**大事なのは自分を客観視するということ。成功した自分の姿をイメージすることができれば、その日1日の敗戦に意味を見出して自分に対してアドバイスを送れるようになる**」

成功している自分をイメージできるからこそ、今必要なものが何かが整理されていく。セルフイメージを持てる状態とそうでない自分では、敗戦に落ち込んで塞ぎ込んでいる間に、すでに次戦へ向けた取り組みが始まっていると言えます。

成功した自分から見たら一つの敗戦に落ち込んでいる時間はないと思えてくるというわけです。

もともと菊池選手がメンタルトレーニングの世界に足を踏み入れたのはプロ入りして2年目くらいの頃でした。高校時代のチームメイトが自殺し、自身の成績もなかなか上がらなかったことから、塞ぎ込んでしまうところがあった。ところが、メンタルトレーニングの世界に一歩足を踏み入れると世界が激変していきました。

菊池選手が取り組んだのはセルフイメージの構築

まず、なりたい自分像を書き出し、すべて生活を一変させるのです。その時に生まれた言葉がこちらです。

「Fake it till you make it」（うまくいくまでは、うまくいっているフリをする）

なりたい自分になりきるという意味です。

一流になりたいのであれば、着る服や食べるものや考え方まで一流と同じような生活習慣にしていくのです。もともと読書家だった菊池選手は成功者がどうしているかが分かるので、それを真似ていくということを実践しました。

当然、彼の一流の先にあったのはメジャーリーグのナンバーワンピッチャーで、当時から目標にしていたドジャースの左腕、クレイトン・カーショウ投手です。

カーショウ投手の実績は凄まじいです。２００８年にメジャーデビューを飾ると、２０

10年に13勝を挙げる活躍、2011年にはその年、もっとも優れた投手に送られるサイ・ヤング賞に輝きました。その後サイ・ヤング賞には計3回、オールスターには8回出場しています。

菊池選手が成り切っていた一流はカーショウ投手でした。

つまり、カーショウになっている自分から現在の自分というのを見通していたということです。

自分がカーショウになるためになすべきことは何か。メジャーで投げている自分を描けば、やるべき練習、そのための日常生活の送り方などが整理されて行ったのだと言います。

「セルフイメージを構築して行動することができなかった時は、なぜ負けたのか、この敗戦にはどういう意味があるのかに目を向けていませんでした。試合に負けることも絶対に意味があることですし、意味づけをしていかなくてはいけない。それが分かるようになってからは、この負けにはどういう意味があるかをクリアにすることで1週間の行動が変わるようになりました」

結果に対して蓋をしなくなった。すべてが自分の中で起きていることだと強く意識するようになってから、すべてが先につながるようになったと菊池選手は話していました。

2019年1月3日、菊池選手はシアトルにて入団記者会見を行いました。なんと、この時の会見で、菊池選手はほとんどすべて英語を使って記者とのやりとりを過ごしたのです。実は、この会見から3年ほど前、筆者と食事に行った時に、目標の一つとしてこのことを話していたのです。

「メジャーに行きたいというのは想いだけでなく姿勢を見せてやれば、みんなが納得する。英語で会見すれば、メジャーへ準備してきたという想いが伝わる」

本当に、まさか、英語の記者会見を実現させるとは、提案者としては予想外の出来事でした。でも、メジャーで成功することをイメージしていた菊池選手からすると、おそらく、当然の結果なのだろうと思います。

2021年のメジャーリーグのオールスター、菊池選手は高校の後輩・大谷翔平選手とともに出場を果たしました。残念ながら試合で投げることは叶いませんでしたが、世界の一流の仲間入りを果たしたのです。

そんな晴れやかな舞台をテレビ中継を通して見ながら、菊池選手のマネージャーとのやりとりのことを思い出しました。

「雄星さん、今年、オールスターに出るって言ってたんですよ」

菊池選手が何かの成果を残す時、そこには必ずセルフイメージが存在しています。

「成功者へのリスペクト」を学ぶ

元メジャーリーガー
吉井理人

取材者としては良いことではないかもしれないのですが、**インタビューをさせてもらうと実に理解力に優れた対象に会うことがあります。**

取材とは？　インタビューとは？　何かをすごく理解されていて、質問の意図を咀嚼して理解しようとする。どういう答えを求めているかが整理できていて、かといって、決められた言葉を発しない。自分の言葉で言うべきことと求められていることの中間点を探し出して答えを出してくれる。

もちろん、インタビュアーはそこに甘えてはいけないのですが、そういう対象を取材させてもらった時はテンポ良く会話が進んだりするものです。

現在は千葉ロッテのコーチをしている**吉井理人《よしいまさと》さん**は実に取材者の意図を理解してくれる対象者です。

それもそのはず。吉井さんはメジャーリーグの選手として活躍していた時、現地メディアが「もっとも取材対応の良かった選手」に与えるグッド・ガイ賞を受賞していたのです。

僕がゆっくり取材させていただいたのは過去三度あり、二度は現場を離れて野球評論家活動をしていた時で、もう一度は、２０１６年に日本ハムのコーチとして日本一に輝いた時でした。どのインタビューでも、吉井さんは「リスペクト」という言葉を使用して、アメリカでの経験を多く話してくれました。

吉井さんの経歴を説明しますと、１９８４年近鉄バファローズに入団後、一軍に定着した１９８８年に抑え投手として活躍。10勝20セーブを挙げて最優秀救援投手に輝いています。

89年にはリーグ優勝を果たし、日本シリーズにも出場しています。その後、一時成績を落としますが、１９９５年にトレードでヤクルトに移籍すると、才能が再び開花。先発投手として二桁勝利を挙げてリーグ優勝、日本一にも貢献しました。

そして１９９７年のオフに、当時取得していたフリーエージェントの権利を行使してメジャーリーグのニューヨーク・メッツに移籍しました。

その際に学んだのがアメリカという国の「リスペクト」文化でした。

吉井さんは日本での選手時代、二軍で不遇の日々を過ごしています。近鉄に在籍していた頃です。コーチに気に入ってもらえることができず、「お前は一軍には上げない」と強く言われたのでした。自分には投げたいフォームがあり、コーチの指導を聞かなかったために頑として許してもらえなかったのです。

アメリカに一歩足を踏み入れて分かったのは、日本のようなしきたりは間違いであるということで、それどころから「これが人として正しい形である」とまで思えたと言います。

吉井さんはこう話していました。

「メジャーリーグのキャンプに行って初日にピッチングコーチから『俺はお前のピッチングを知らないから、お前の方からどんなピッチングをしたいのかを教えてくれ』とまず言われたんですよね。**極東の島国から来たどこの奴とも分からんようなピッチャーを尊重して、一人のプロ野球選手として見てくれた。この国でも、やっていけると思えました」**

文化の違いがないわけではないですが、アメリカのコーチは選手を一人の人間として見てくれた。どんな特徴を持っているか、どんな人間であるかをまず教えてほしい。その言葉を持って、吉井さんは自分のことを理解してくれているという気持ちになったと言います。

そして、練習方法なども、強制されることはなく、自分のやりたいことを尊重してくれて、そこに希望が見えたと吉井さんは振り返っています。

「変な見方で言えば、コーチや監督がおせっかいを焼いて、うまくいかなかった時、後からあれこれ言われるのも嫌だから勝手にやれよというのもあるんです。だけど、選手としては、その方がやりやすいんです。任された方が自分でやっている気持ちが強くなるのでやりがいもあるし、責任を取りやすい。逆に、メニューを作ってもらって、やらされた調整をして、それで投げてダメだったら、納得いかないじゃないですか。自分のやりたい練習をやって、自分のペースで仕上げていって、一方では、この日から、チームとして投げてもらわないと困りますよという日が設けてある。そういうメリハリがやりやすいんです」

人へのリスペクトが極端にあるのがアメリカという国だった

それは野球を離れても日常生活の中にもあったと吉井さんは言います。もともと、アジアの国からの人間ということで、渡米当初、吉井さんは認知されていませんでした。そのため、クレジットカードなどは今ほど便利ではなかったこともあり、カードを作ることさえできなかったそうです。銀行に行っても、「NO」と言われるだけで、吉井さんはホテル暮らしとキャッシュの生活をしていました。
ところが、メッツの本拠地であるニューヨークでのこと。同地区をホームタウンにしているヤンキースとの試合が行われることになった。お互いの球場が地下鉄で通える範囲内であったため、「サブウェイシリーズ」とも言われたのですが、吉井さんは、そのシリーズで活躍をしたのです。

すると、翌日、これまでのことが嘘みたいなことが起きたのです。

「アメリカで実績がないうちは銀行でクレジットカードを作れなかったですし、携帯電話も契約できなかった。アパートも契約できなくて。ところが、サブウェイシリーズに投げた翌日に銀行へ行ったら、銀行のおばちゃんに『今日はサインすることいっぱいあるわよ』って言われて、ボールや新聞にサインして、クレジットカードができたという笑い話なんです」

吉井さんがグッドガイ賞を受賞したのも、そうした日本文化との違いを理解し、リスペクトしていく文化に馴染んでいったからと言います。

「頑張った人へのリスペクトは、日本よりもアメリカの方がしてくれる。変な奴もいますけど、選手たちはきちっとしていますよね。取材対応にしても、自分のプレーに対して喋りなさいというのがアメリカの考え方。日本みたいに、調子が悪かったら記者を避けて、ノーコメントとか、まずない。そこは、プロです。僕はそれを学んだ。世間に、リスペクトされる理由が理解できました」

日米の違いでいうと、メジャーでは試合の前後、必ず、ロッカールームは解放されることになっています。これはMLBのルールで、どの球団も従わないといけなくて、違反するような行為はMLBから注意喚起が入る。

同時に監督室も入室が許される時間帯があるのですが、ここには記者と選手のお互いがプロとしてリスペクトする関係性にあるから成り立っていると言えます。日本の場合はロッカールームに入ることが許されない分、帰宅時は駐車場で待機して選手と接触することもザラにありました。

そのため、記者と選手との関係性が近くなってなぁなぁのような関係になるケースも多く、これはリスペクトの関係ではないと言えます。

「実は（スーパースターの）デレク・ジーターは調子が悪くなっても批判されることはない。でも、アレックス・ロドリゲスはそうではなかったりする。これは記者に対して行儀良くしているかどうか。そういうしっかりしている選手へのリスペクトはしてくれる」

メジャーではメディアに対して喋るのがプロの仕事とまで言及される。選手がインタビューを受けている人間と話しているのは、1対1ではないという観点がある。メディアの後ろには多くの野球ファンがいて、自身の考えが伝わっていくのだと認識しているのだと言います。

「それは当たり前のことやから」

吉井さんを球場で取材すると、必ず応じてくれます。こちらの仕事へのリスペクトもしてくれているのだなと感じると、身が引き締まる想いがするのです。

変化の中で自分がどれだけ対応できるか

メジャーリーガー
秋山翔吾

人生の成功・失敗の物差しはそれぞれです。

例えば、日本人選手がメジャーリーグに舞台を移す時、多くの人は「挑戦」と言います。明らかに日本の野球を下に見ているから、そういう表現になるのだと思いますが、メジャーリーグ挑戦に関して、何を持って成功か、失敗かの物差しは人によって異なるのではないかと思います。

日本時代のようにエースとして活躍するのが成功と見る人もいれば、マイナーを経験するも、バックアップメンバーとしてでもワールドチャンピオンに貢献したなら、それを成功と呼ぶ人もいるでしょう。

僕個人の意見としては、メジャーリーグを舞台にしての活躍だけでなく、日本に帰国してからなんらかの成功を収めれば、その挑戦も一つの成功と呼べるのではないかと思っています。

例を挙げると、友人の西嶋一記さんは横浜高校、明治大学を出て、ドジャースのマイナーリーグへ進みました。2年の経験を得ることができました。

メジャーリーガーにはなれませんでしたが、今、彼は大手企業の会社員としてしっかり働き、明治大学のピッチングコーチとして、東京五輪代表の森下暢仁（広島）らを育て上げるなど、その経験を生かしています。

僕は彼は成功だと思っています。

つまり、成功か失敗かは、その時だけに答えはなく、言い換えれば、挑戦そのものによって人としての成長があれば価値があると僕は思うわけです。

シンシナティ・レッズに籍を置く**秋山翔吾《あきやましょうご》選手**は坂本勇人（巨人）、柳田悠岐（ソフトバンク）ら同世代のライバルが日本国内でプレーを続ける中で32歳にして海を渡りました。

彼のメジャー挑戦は、現時点では失敗のような言われ方をしています。西武ライオンズにいた時は不動の1番打者として二度のリーグ優勝に貢献。個人としても２０１５年にシーズン最多安打の日本記録を樹立しています。

日本時代の成績が凄まじかったから、レギュラーを取れてないこの2年の彼の活躍はさも失敗のように言われています。

しかし、秋山選手が求めていたのは、安泰な人生だったのでしょうか。「坂本と柳田と同じところにいる限り、彼らを超えられることはない」と秋山選手はメジャー挑戦の際に語っていますが、**彼が求めたのは変化だった**ように思います。

メジャー挑戦の際の切実な思いを秋山選手はこう綴っています。

「同じ環境に身を置いていたら見える景色もやらなきゃいけない仕事も変わらなかったと思う。アメリカに行ったら言葉のこと、生活環境、同じスポーツをやっていても異なるところが多いと思う。変化の中で自分がどれだけ対応できるか、自分の許容度が広がったりするんじゃないかなと思います」

正直に話すと、僕は秋山選手がメジャーリーグに挑戦することはないと思っていました。彼は海外FA権を行使しての移籍を実現しましたが、それ以前の言動などを鑑みて国内で落ち着くのではないかと見ていました。

しかし、この言葉を聞くと合点がいきます。

自分のいる場所を変えてみることで、新しい自分に出会える

いわば、彼は、同じ居場所、役割も変わらないところでいる自分より何か知らないところに行く自分で新しいものが発見できる。そんな想いを抱いてアメリカに渡ったのではないでしょうか。自分の人生に変化を求めていたということです。

彼のマインドはスポーツに限らず、どのような世界にいる人間であっても、大切にしなければいけないのではないでしょうか。

確立されたポジションにいて、自分を変化させていくことは並大抵のことではありません。多くの人が「このままでいい」という見方をしている中で、自分で自分を変革していく、奮い立たせるのは簡単なことではないと思います。

その難しさの中で生きるならば、今のポジションを捨てて環境を変えてみる。自分のいる場所を変えてみることで、また新しい自分に出会える。生きていく上では非常に重要なことであると僕は思います。

2020年3月、僕はアメリカまで行って秋山選手を取材させてもらいました。取材をして感じたのは、日本時代と変わらないところと変わっているところの両面が見られたことでした。秋山選手本人はロッカーでチームメイトと喋るようになったという話をしていました。

もともと人見知りで、西武に入団した時はおとなしくしている方だった。

ところがアメリカでは「そんな時間が無駄だと思って馬鹿なことも平気でできるようになった」とこう語っています。

「メジャーは時間の使い方が日本よりは自由です。もちろん、1日のメニューはタイムスケジュールが出ているんですけど、前後の時間がフリーなんです。そういう中でやっていくと、最初はこの練習量じゃ不安だなって思うこともありましたけど『これに慣れるしかない』とすぐ切り替えました。『俺はこれをやらなかったら試合に臨めないんだよ』という考えはなくして、もうちょっと柔軟になってもいいかなと考えるようになりました。周りが早く練習から上がろうが、自分の中で物足りないと思ったら遅くまでやるということはあったし、みんながちょっと打っているけど、今日はスパっと上がろうというのは、日本にいた時はあまりなかったですね」

この言葉を聞いた時に秋山選手は変わったなと思いました。

というのも、そもそも秋山選手は決められた練習をしっかりこなした後に、自分の練習時間を作るような選手でした。

だから、2015年にシーズン最多安打の記録を達成するなど誰もが認める存在となった時、「練習は自分のペースでやっていい」と言われると戸惑ったくらいの選手だったんです。指導者が作り出すメニューをこなすことを基本線とすることしかできなかった選手が変化を見せている。この事実に驚きました。


自分が生きてきた場所を変えてみる。

環境を変えてみることで変化できる。

もちろん、周囲からはいろいろ言われ、結果は必ず伴いますけど、そこだけですべてが決まるわけではない。成功できる挑戦と失敗する挑戦があるという人がいますけれども、成功・失敗ではなくて「成長」がキーポイントになるのではないでしょうか。

環境を変えることによって、人はどんな風にも変われる。成長していくことができる。挑戦の先にあるものが何かを一人のプレイヤーから学ぶことができます。

去年よりも成長しているのか、昨日の自分よりも一個上に上がっているのか

広島東洋カープ
鈴木誠也

現役選手の中でイチローに近い思考を持っている選手としてあげられるのが東京五輪で侍ジャパンの4番を務めた**鈴木誠也《すずきせいや》選手**（広島）と言われています。1打席1打席にこだわりがあり、その時に出た結果よりも中身を重視する選手であるからです。

鈴木選手のプロデビューは高卒1年目と早い時期に実現しています。シーズン終盤の顔見せという形でしたが、それから2、3年目と徐々に出場機会を増やしました。

そして、4年目に才能が開花。

開幕こそ、怪我で出遅れましたが、右の強打者としてセ・リーグの投手たちを打ち崩していきます。同年は打率335、29本塁打をマーク。5番打者に定着してリーグ制覇に貢献しています。翌2017年はWBC（ワールド・ベースボール・クラシック）の出場まで果たしています。

その鈴木選手はエンゼルスの大谷翔平選手とは同学年。言ってみれば、目の上のタンコブのような存在なのですが、自らのスタイルというのを作り上げてきました。彼がアスリートとして成長を続けられるのは、大谷選手ら侍ジャパンのメンバーなどライバルたちからも何かのヒントをもらおうという姿勢があるからです。

例えば、鈴木選手は一流選手と触れ合うことの意義をこう語っています。

「一流になってくると持っている感覚がすごいので、マネはできないなと思いました。ただ、皆さんが仰られていることは分かるし、あのレベルになると、深く考えて打っているんだなと思いました。ですから、聞いておくだけでも、今は分からなくても、後々その感覚が出てくるかもしれない。頭に入れておけば、あの時、こんなことを言っていたなというのを思うかもしれないのですから」

常に成長のきっかけを探しているというのが鈴木という選手なのです。だから、プレッシャーのかかる場面ですら成長できるチャンスと捉えるところがあります。経験こそが自分にとって大きいと理解しているのでしょう。

今や広島、侍ジャパンの4番を打つことは当たり前になってきていますが、当初は一筋縄では行かなかったと聞きます。しかし、それでも鈴木選手は「4番」という立ち位置を成長のチャンスと捉えて楽しんでいるようでもありました。

「4番はいろんな投手と対戦できるので、自分が絶対に成長できていると思える瞬間です。以前まではチャンスの時に回ってきて投手が交代することはあまりなかった。でも、4番になると、僕のところで投手を変えてきて、それが苦手な投手であることもありました。

いい投手との対戦がそれほど多くなかったのが、4番になってその機会が増えた。そういう経験をして自分が成長できた自負はあります。だから、**4番は楽しいです**」

普通の打者であれば、なるべく、いい投手や苦手な投手との対戦は避けたいものです。しかし、鈴木選手くらいの思考の選手になると、それすら成長の糧と捉えているところがあるのです。

もちろん、自分が打者としてどういうタイプであるかは自認しています。そのため、4番像を尋ねられると「(ホームランを打つ)筒香さんというよりつなぎができる新井貴浩(元広島)さんタイプ」と答える。打者としてさらなる成長を続けたいという想いと、しっかりとしたプレーイメージというのは忘れないでいるのです。

鈴木選手を物語るエピソードの一つとして、凡打をすると悔しさをあらわにする「負けず嫌い」の性格がよくクローズアップされます。

その態度が正しいかどうかは別にして、いかに彼自身が打撃に関してこだわりを持っているかの証左と言えるかもしれません。

誰にも抑えられないくらい無敵になりたい

２０１８年の日本シリーズでは、ソフトバンクの前に、１勝４敗１分で敗れて日本一になることはできませんでした。シリーズを通して活躍できなかった鈴木選手が、敗退したその夜、室内練習場にこもってバットを振り続けたというエピソードは今でも語り草になっています。

試合に勝っても負けても、打てなかった悔しさを忘れず、その後の技術向上につなげていく。その繰り返しが鈴木選手を大きくさせているのかもしれません。

では彼は何をどうすれば満足するのでしょうか。数字などをどのように捉えているかを尋ねてみると、こんなことを話していました。

「数字はどうでもよくて、自分がその時その時、成長していればいい。去年よりも自分が成長しているのか、昨日の自分よりも一個上に上がっているのか。そんなことしか考えていない。昨日より良くなっているのか、昨日より変わっていないんじゃダメやんと。だっ

たらもっとやるしかない。そんなことしか思っていない。ただ、調子は悪くなることはあるので、その中ででも何かを得られたのか。5打席ある中でタコる試合があっても、自分が雑になったのか、なっていないのか、そんなことばかり悔やんでいます。無駄な打席をなくしたい。プロの試合は1打席で変われる可能性がある。そういうのを求めて1打席を無駄にしたくない。だから、成績は関係ない。誰にも抑えられないくらい無敵になりたい」

セ・リーグのトップ打者として君臨している今の姿を見ると、彼にもそう遠くない未来に海を渡る日が来ると思う。現時点のパフォーマンスと日本人メジャーリーガーの苦悩ぶりを見ていると、彼にも同じよう難題が降りかかることも考えられます。

ただ鈴木選手は打てなかったという事実を自分の中でしっかり受け止めて練習し、それを結果にしてきたという背景が存在しています。個人的には、メジャーという舞台で、いい成績を残すことも、鳴かず飛ばずの成績になることも考えられますが、その都度、彼は成長していけるのではないかという期待感があります。

昨日の自分との比較をできる選手だからです。

レベルの高い舞台に行って、成長を遂げる鈴木選手の姿を見てみたい気がします。

向上心が高まることの繰り返しで階段をのぼることができた

オリックス・バファローズ
吉田正尚

自らの目標をどこに置くかで人生は大きく変わります。

日本国内だけでいいのか、それとも、もっと地域を限定して、県内でいいのか、市内だけでいいのか、町内だけでいいのか。スポーツであれ、なんであれ、目標をどこに置くかで取り組みの一つ一つが異なっていきます。

公称の身長173センチはプロ野球選手の中では小さい部類に入る、オリックスの**吉田《よしだ》正尚《まさたか》選手**は、常に、自分の目標値を高く設定し、上り詰めてきた選手です。プロを目指すのは難しいとされた小さい体から、豪快に振り抜きアーチを描く。2021年シーズンは、パ・リーグの首位打者と最高出塁率のタイトルを獲得。東京五輪でも3番打者として活躍して、金メダル獲得に貢献しました。

「僕は小さい頃から好きなチームというのはあんまりなくて、僕が野球を見る上で、好きになるのは選手です」

そう語る吉田選手が好きになってきた選手の多くはメジャーリーガーたちでした。中学

1年の時から試合の中継や夜のダイジェスト番組を見るようになり、チームに肩入れすることなくバリー・ボンズやデビット・オールティスといった吉田選手と同じ左バッターに魅了されていったと言います。

小学4年生で野球を始めた吉田選手は敦賀気比高校に進み1年生にして4番打者を務めるなど、その頃から脚光を浴び始めました。大学は名門の青山学院大に進学、ここでも豪快にフルスイングするバッティングは彼の代名詞でした。大学日本代表に入るなど、学生野球のトップランナーでありました。

しかし、吉田選手は名実ともに名プレイヤーの階段を歩んでいく中で、常に目標としてきたのは、メジャーリーガーたちの姿でした。「彼らのようなバッターになりたい」とただ憧れるのではなく、メジャーリーグのスーパースターたちの取り組みを自分の中に取り入れることで成長を目指してきたのです。

吉田選手はこう話しています。

「常にベストを尽くそうとしてきたんですけど、上には上がいるという感覚で納得することがなかったんです。向上心があったから大学や大学ジャパンに入って刺激をもらうことができた。向上心が高まることの繰り返しでプロに入る階段を上って来ることができたように思います。大学の4年間で視野が広がりました」

メジャーリーガーたちを意識することで自分の技術が上がり、プロの世界までのぼってこれたというのは、なかなか珍しい形かもしれません。次の言葉は吉田選手の特異な才能を物語っていると言えます。

「メジャーリーガーに、実際、どういう風に打っているかを聞くことはできないので、自分の感性で勝手に当てはめています。こうやって考えているんだろうと想像するだけで引き出しがいろいろできますから。そういう感覚って大事だと思う。うまく自分のモノにしていければと思っています」

吉田選手にとって憧れのメジャーリーガーが大きく近づいたのは大学時代に経験したアリゾナのキャンプでした。青山学院大時代に、レンジャーズのキャンプに参加したことで、吉田選手の見てきた世界からの落とし込みが始まったのです。

スポーツは記憶力と二つのそうぞう力（想像と創造）が選手を大きくさせる

今年のメジャーリーグのオールスターで大谷翔平や菊池雄星とともに出場したジョーイ・ギャロという選手は吉田選手が大学時代に見た選手でもあったそうです。

「打席内容ではなくて、スイング一つや雰囲気に凄味を感じました。僕にとって大学の最後の1年だったので、プロに入る前にいい経験になりました。さらに向上心が芽生えて、ラスト1年、上を目指そうという気持ちにもなりましたから」

このインタビューをしていた時、良い選手をあげてもらうと、およそ10名ほどのメジャーリーガーの名前を出してくれました。それぞれが印象に残った選手ばかりだったからと思いますが、ただ、そうした選手たちを脳裏に焼き付けることで、吉田選手自身のプレーイメージが上がったことは間違いないでしょう。

スポーツは記憶力と二つのそうぞう力（想像と創造）が選手を大きくさせるものだと思

います。試合で経験した、あるいは、その目で見たという記憶があり、その記憶がプレーのイマジネーションを高め、そして、クリエーションにつながる。

吉田選手は選手のスタイルそのものを自分の中に取り込むことを癖づけていくことで、イマジネーションを高め、自分のスタイルを作り上げてきたのではないかと思います。

そう高くない上背でフルスイングし、選球眼もよく、率も残せる。

稀代のスラッガーは目標とする選手を高いところに設定したことで、成長を続けることができたと言えます。

4番らしくを目指した先に見えた成長

東北楽天ゴールデンイーグルス
浅村栄斗

長く取材をしていると想定以上に成長する選手に遭遇する時があります。

高校時代などアマチュアの頃から知っている選手で、将来的にはこういった選手になるだろうという想定を超えていく選手のことです。結果が予想以上に出る選手もいますが、プレースタイルそのものが変わってしまう選手もいます。それもいい方向に。

何が彼を変えたのだろうか。

ポジションか、数字か、役割なのか。

プロ入り5年目の2013年シーズン、初のタイトルとなる打点王を獲得した**浅村栄斗**《あさむらひでと》**選手**（当時西武、現楽天）は自分でも想定外の成長だった、とこう語ったものです。

「自分が打点王のタイトルを獲得できるというイメージは持っていませんでしたね。プロに入った時に1番を打ちたいと思っていたので、タイトルを取るとしたら、最多安打だったり、トリプル3だったり、首位打者というのが目標で、ホームラン王や打点王は考えてはいなかったです」

浅村選手は大阪桐蔭高校時代の3年生夏、チームを17年ぶりの全国制覇に導いています。1番・ショートとして、それこそ「リードオフマン」とも言える活躍で、チームの打線に火をつける役回りを担いました。大会通算打率552をマークする大活躍でした。守備面でも華美なプレースタイルでチームの窮地を何度も救いました。

1番・ショートという役割の響きだけでもどのような選手だったかは想像がつくのではないかと思います。

ヒットを量産してチャンスメークする。常に、チームの攻撃を引っ張っていくイメージです。

高校時代はそんな役回りでしたから、彼が高卒で入団した後のスタイルも高校当時のようになるだろうと僕自身は思っていました。当然、先の本人の言葉にあるように、「安打」がメインの選手であって、打点王のタイトルが想像外だったのはなんとなく理解できるのではないでしょうか。

そんな彼のプレースタイルを一変させたのが役回りでした。

2013年シーズン、浅村選手は4番を務めるようになったのです。

西武というと強力打線が持ち味のチームです。それは今も昔も変わらないと思います。ただ、それまでの4番だった中村剛也選手が怪我で出遅れていたというのもあって、本来の1、3番ではなく、4番を任されることになったんです。そして、これが転機になりました。

浅村選手はこの1年の経験をこう振り返っています。

「試合を決めるようなバッター像っていうのが多少は見えた年だったと思う。今までにはない自分が発見できた。**4番に入って、他人任せにしてはいけないという想いもあったし、何とかチャンスで打ちたい、そういう想いから、試合を決めてやるとか、4番らしくと考えるようにはなりました**」

人は一つのきっかけでいかようにもなる

記憶している試合があります。

5月28日の対ベイスターズ戦。守備でミスを犯した浅村選手は第2打席に三振を喫すと交代させられてしまいました。いわゆる懲罰交代です。しかし、その翌日から4番に座って、まず、この試合で2安打をマークすると、31日のヤクルト戦では2打席連続本塁打。その2本目はサヨナラ弾というド派手な活躍を見せたのです。

この時に、浅村選手の勝負強さが発揮され始めたように思います。4番打者として「結果」を追い求めるようになったということです。

とはいえ、これは精神的な部分です。4番打者として期待に応えなければいけないという強い気持ちを持てるようになったに過ぎません。浅村選手の真骨頂はこの後、4番になるだけの選手になろうと、バッティングすらモデルチェンジをしたことでした。

楽天に移籍してから自身のプレースタイルの変化を聞いた時、次のように語っています。

「4番を任されたことは大きかったです。自分の中でもっとホームランを打ちたいって思うようになって、トレーニングの仕方だったり、バッティング自体もいろいろ変えました。変えたことはいっぱいあるくらいなんです。この時からヒットを打ちたいし、打率も大事にしているけど、ホームランにも意識がいくようになりました」

ホームランを打つためのアプローチ。ウェイトトレーニングに取り組み、スイング自体をバージョンアップさせる。そうして、浅村は「4番らしい」バッターに成長したということです。2020年には本塁打のタイトルを獲得。通算200本塁打を記録しています。

人はどのように成長するかは分かりません。一つのきっかけでいかようにもなるし、浅村選手のように、「役回り」を変えることで、プレースタイルが激変し、プロ入団後は想像していなかった選手に大化けすることもあり得るということです。

「地位が人を作る」という言葉がありますけど、まさに地位が人の能力を向上させた。今いる位置に満足せず、さらなる進化を求めたい時、地位を変えてみるのも一つの手法かもしれません。

飛び級なんてない

横浜DeNAベイスターズ
山﨑康晃

人生には、いくつも勝敗の付く戦いがあります。

プロジェクトの成功や失敗、コンペなどにも勝った・負けたが存在すると思いますが、全戦全勝を実現することはそう容易ではないと思います。負けるつもりで挑む人はいないと思いますが、精一杯やっても敗北があることを受け止めなければなりません。

ただ、そうした勝敗は勝ったから良いわけでも、負けたら絶望というわけでもありません。大事なのは戦いから何を学び得ていくかではないでしょうか。

「僕は良かった時のことより、打たれて屈辱を味わった時の方が覚えているんです。どうしても、やられた時の方がインパクトとして残っていますね。**いろんな経験をさせてもらって、それを成長と自信に変えてきたのは、勝った試合よりも、負けた試合の方が強いんです**」

そう語るのは東京五輪代表でリリーフを務めたＤｅＮＡの投手、**山崎康晃《やまさきやすあき》選手**です。今年はやや調子を落としてクローザーからは外されましたが、長くチームや侍ジャパンの守護神を務めてきた選手です。

そんな山﨑選手の野球人生は敗北の日々でした。

高校は甲子園優勝の実績もある名門の帝京高に進学。当然、エースの座を争いますが、1学年上にも、同学年にも、そして、1学年下にも、好投手がたくさんいる中での熾烈な争いを繰り広げました。特に、山﨑投手にとって目の上のタンコブのような存在だったのが、1学年下の伊藤拓郎という投手です。

伊藤選手は中学時代からのスーパースターで、鳴り物入りで帝京高校に進学。1年夏の甲子園からデビューを果たすなど、山﨑選手にとって強烈なライバルとなったのです。

1学年下のスーパースターの前に努力しても報われない日々が長くありました。チームは伊藤選手を寵愛しましたから、山﨑選手は出場機会を失っていたのです。それでも「ずっと負けるか」という気持ちでやり抜く姿勢を失わなかった山﨑投手は少しずつ出場機会を得て行きました。

そして、最後の夏はエースナンバーをつけました。しかし、甲子園出場を逃し、さらに、プロ野球への入団を志望しましたが、そこでも声はかかりませんでした。また、敗れたのです。翌年、伊藤選手は高卒でプロに入団していますから、その悔しさは小さいものではなかったと言います。

「落ち込みました。プロに行けると思っていました。そこに懸ける想いも大きかったんで、そのあとはいろいろ、葛藤しましたけど、これで終わるわけにはいかないと思ったし、僕以上に周りの人が応援してくれた。もともと『プロに行ける』って根拠のない自信しかなかったんですけど、周りがまだ行けるよと言ってくれたので、僕の気持ちを強くしてくれた。それで心を折らずに大学に行って頑張ろう、と」

大学4年間で成長を遂げた山﨑選手は2013年のドラフト1位でDeNAに入団し、見事に花を咲かせたのでした。

しかし、山﨑選手にはたびたび試練が訪れます。プロ入りし先発投手としてローテーションを目指しましたが、うまくいきません。リリーフへの転向を指示されて、再出発を図ったのでした。

当時の心境を山﨑選手はこう振り返っています。

「ここで活躍できなかったら、ファーム（二軍）に落とされてリスタートになる覚悟をしていました。その中でフツフツと燃えるものがありました。当然、そういう思いをボールにぶつけるには力づくじゃダメだと思うし、燃える中でも頭は冷静にしていないといけません。だから、マウンドに立ちながら、闘志をむき出しにすることはなかったですが、僕の心に眠る深いものはありました」

そうして配置転換を余儀なくされた山﨑選手でしたが、ここから見事な活躍を見せます。リリーフ転向後は中継ぎ陣の一人に過ぎませんでしたが、少しずつ結果を残していくのです。

オープン戦の登板で勝利に直結する場面での登板機会が増え、開幕を迎える前にはついにクローザーに上り詰めたのです。

プロ入り1年目のことですから、たいした男です。

1年目は58試合に登板し2勝37セーブをマーク。新人投手としては最多のセーブ記録でした。

2年目もクローザーを務めた山﨑選手はその後も存在感を発揮します。

3年目の2017年にはリーグ最多の68試合登板。2018、19年には最多セーブのタイトルを獲得したのです。

言いたい気持ちを抑えて、飲み込んで力にする

もっとも、山﨑選手には不思議と試練が度々訪れます。成績だけを記すと順風満帆に見えますが、試合を締められない試合が続いた時には、役割を変えられることも少なくありませんでした。ただ、その度に、悔しさを力に変えて、また元の位置を獲得するのでした。

いわば、**山﨑選手は、人生の中で敗北を繰り返しながら、その度に、見えてくる課題と向き合ってきたのです。そして、その課題を乗り越え、自分の居場所を取り返して行ったのです。**

山﨑選手はこんな話をしています。

「飛び級なんてないと思うんです。一歩ずつの積み重ねが今の自分にさせてもらってきた。**僕は負けず嫌い。練習で走っていても、負けたら悔しい。それを僕は思い切り表現しちゃ**

うのでね。ただ、言いたい気持ちもあるけど、抑えて、飲み込んで、力にすることが必要なことも学びました。クローザーを外された時は悔しいし、でも、それを受け入れつつ、もう一度9回のマウンドに立って、みんなとハイタッチして試合を締めるんだってずっと思ってやってきました。借りを返すのはグラウンドでしかない。ウイニングボールをもらって、それを先発投手に渡すのも僕の仕事だと思っている。そうすることが僕のモチベーションです」

勝利の人生だけで学ぶのではなく、負けること、失敗することを人生の教訓としてまた一段上の成長を見せる。

これも、人材、組織にとって貴重なことと言えるのではないでしょうか。

不調の中でできることを考える

埼玉西武ライオンズ
栗山巧

人間には好不調の波があると思います。

アスリートに限らず、仕事をしていて体調が万全で企画がバンバン出てくる時もあれば、何をやってもうまくいかない。そういう時はないでしょうか。僕の仕事でも当然、あります。

知恵を絞りに絞って文章を書いても、どうもしっくりこない。体調もそうですが、いろんな思考が邪魔をしていて、うまく書けない時は少なくありません。締め切りが先にある時は原稿を放置しておきますが、そうはいかない時があります。

2021年の今シーズン、球団としては初めてとなる通算2000本安打記録を達成した西武の**栗山巧**《くりやまたくみ》**選手**は好不調の波が比較的少ない選手として知られています。生涯打率は、2021年9月現在で282、出塁率は372をマークしています。年度別の成績では突出する数字は残していないのですが、極端に低い成績がないのです。打率は250、出塁率は300を切ったことがなく、常に安定しています。

一方で、栗山選手はシーズン終盤などの大事な試合では必ず結果を残す頼りがいのあるプレイヤーでもあります。

好不調の波が少なく、また、終盤に力を発揮するプレイヤー。その背景にあるのは栗山選手のものの考え方にあります。

まず、シーズン終盤に力を発揮できる理由について、こう話します。

「どうしても、シーズン終盤の戦いは1試合が重くなってきますよね。一つ負ければ大きなものになる時もある。でも、一番大事なのは目の前の自分のプレーに集中することなんです。結局ね、やることは同じなんですよ」

シンプルな言葉のようでもありますが、栗山選手の思考を掘り下げていくとものすごいところに行き着きます。

栗山選手はただ「いつも通りやればいい」と精神論だけを語っているのではありません。個々がやるべきことを整理すると、その考えにたどり着くのだと言います。

栗山選手はこう説明を加えてくれました。

「いろいろ頭には浮かびますよ。ここで打ったらどうなるやろと。点が入る？　勝ち越しになる？　逆転になる？　と、場面によって考えますよね。そして、自分がなんでこの試合に出してもらっているのか、とかも頭をよぎりますよ。でも、そんなことを意識して考えるくらいやったら、もっとやるべきことがあるんです。自分がどうすればいいスイングができるかを考えてプレーすることの方が大事なんですよ。いろいろ考えていく中で、当然、配球について考えますし、相手投手の特徴を頭に入れてバッターボックスに向かいます。**バッターボックスに向かって歩きながら、いろんな考えを削っていくと、僕のやれることは、自分の打てる球を打ちに行く、結局、やることは同じというところに行きつくんです**」

戦略的思考がないわけではない。相手投手の特徴と自分が得意なコース。また、その日、相手投手はどんなピッチングをしているのかを頭に入れなければいけません。どの球を打っていくかを当然、考えています。しかし、そのことと打席で何をすべきなのかは別問題なのです。走者がいるのか、いないのか。この試合に負ければどういうことになるのかは、打席に入る時には余分な情報ということなのです。対相手投手を見た時に、何をすべきかは限られてくると栗山選手は言いたいわけです。

ある思考を持ったことですべてが変わった

栗山選手はこれまでのキャリアの中で多くの四球を選んでいます。特に、シーズン全試合出場を果たし始めた2010年あたりからは急増し、2013年には四球数が三振数を上回るということまでありました。

打線が強力であったことなど様々な要素が挙げられるものの、栗山選手の中で、ある思考を持ったことですべてが変わったのだそうです。

「正直ね、野球に四球なんていらないんかなって時々思うんですよ。もちろん、ビッグイニングを作るためには四球が絡まんとできないので必要ですけど、相手投手のコントロールがいいかどうかは関係なく四球は取ることができるんです。僕は打てるコースを打っているだけで、それを打ち損じた時に四球を選んでいることが多い。シーズン中は、自分の身体がいろんな状態になるわけじゃないですか。この時期はこの球が打てるけど、ある時期はそこは打てず、こっちの球なら打てる、とか。それを自分の中で意識してボールを選んでいっている。不調の中でできることを考える。それを繰り返している結果が四球の増加につながったんです」

一見、野球の技術だけを語っているように聞こえるかもしれません。

しかし、栗山選手が繰り返し言っているのは、**「自分は今、できる限りのことを整理して臨む」**この一点なのです。

どのコース、どの球種でも、打てる状態なのであれば誰も苦労することはありません。しかし、人間には好不調の波があり、できないことが出てくる場面にも遭遇します。その時に、好調の時と同じ心持ちで臨むのか、できることを整理して臨むのかで、結果的に、実践できることは変わってくるのではないでしょうか。

戦力的なことはもちろんある。その中で、自分に今、何ができるのか。

それらを整理することで不調は超えられる。

意欲を持つことで人は変わる

東京ヤクルトスワローズ
山田哲人

長くジャーナリストをしていて、自身の眼力の自信を喪失させてくれる選手がいます。高校時代の活躍とはまるで異なるプレイヤーへと急成長を遂げる選手です。先に取り上げたプレースタイルが変貌した浅村栄斗とは違って、「全く成功が予想できなかった」選手のことです。

その選手とは東京五輪の侍ジャパンでは1番を務めたヤクルトの**山田哲人**《やまだてつと》**選手**です。

山田選手の実力は東京五輪でMVPに輝いた活躍でも証明されていますが、プロ野球史上初めてとなる打率3割、30本塁打、30盗塁をマークする「トリプル3」を三度も達成。日本を代表する内野手とも言える選手です。

今の姿を思えば、高校時代から光り輝いていたように思えますが、履正社高校2年時からプレーを見たことのある筆者は、完全に、彼のポテンシャルを見誤っています。正直に話しますが、あるスカウトに山田選手の印象を聞かれた時、「普通のショート」と答えています。高校3年の春くらいのことです。

実は、この頃から山田選手は変わり始めていました。

というのも、前年秋の大阪大会準々決勝、山田選手のいた履正社はＰＬ学園に敗れたのですが、この敗戦から人が入れ替わったかのように、山田選手は取り組む姿勢が変わったのです。

履正社の当時の監督、岡田龍生さんはこう振り返っています。

「**1年夏から山田はベンチ入りさせていますから、光る能力を持っているなっていう選手だったんです。背もありましたし。ただもっと真剣に取り組んだら、持っている才能が開花するのに、もったいないと感じる選手でした。僕だけではなくコーチたちといつも話題にしていました。モチベーションを高めようといろいろしたんですけど、山田には響かなかった。**もちろん、チームメイトに悪影響を与えたりするようなことはないんですけど、『野球で飯をくうんや』という感じで野球をやってはいなかったんです。そんな程度の取り組む姿勢なんやったら、公立の学校でやりゃええのにと思うくらいでした」

山田選手を変えたのは、先にあげた高校2年秋の準々決勝で敗れたことがきっかけでした。岡田監督によれば「そういう印象はない」と話しているが、山田自身が自分のせいで負けたと感じるような試合であったことが大きかった。

山田選手はこう話しています。

「初回に先制した試合で、自分がミスして、本当に僕のせいで負けた試合でした。練習試合とか相手が強くない試合では活躍できるんですが、強豪になると全く駄目でした。実際、ちびっていたというか、勝負弱かった。2年秋まで、あまり注目されなかったのも、そこだと思います。なんとかしたいと、この時に思うようになりました。自分のミスで失点して、バッターボックスでも結果が出なかった。どうでもいい試合では打てるのに、相手がPL学園とか大事な試合になると結果が出ない。〝ココイチ〟弱いなと、それを痛感させられた」

さらに、この敗戦の後にあったドラフト会議も大きかった。なんとなく、ドラフト会議のテレビ中継を見ていた山田選手は菊池雄星や筒香嘉智、今宮健太など、後のライバルとなる選手たちが続々と指名されていくのを見て、ふと「来年は、自分がここで呼ばれたい」と強く決意したそうです。

人はどんなきっかけで成長するか分からない

気持ちを入れ替えた山田選手は人が見違えました。

例えば、フリーバッティングは、どんな選手でも流し気味に打つボールがあるのですが、山田選手だけは1球も無駄にしなかった。すべての球を完璧にとらえるような意識で取り組んだのです。「この1球はいいや」という気の緩みがここ一番や大事な試合での不安定な打撃につながると感じたから、と山田選手は言います。

一冬を越えて春になると、岡田監督が山田選手に意欲の部分で何かを指導することはなくなっていたそうです。それどころか**「あれ、ほんまに山田なのか？」という言葉がスタッフの間で飛ぶほどになったのです。**春の大阪大会を制覇すると、そのまま夏を駆け抜けた。4回戦ではPL学園にリベンジ。山田選手は当時、高熱が出ていたのですが、それをもろともせずに、2点ビハインドの9回表に同点適時打を放ったのです。

甲子園では、初戦の2回戦で中村奨吾（ロッテ）のいる天理に競り勝つと、3回戦では試合こそ敗れたものの、現在のチームメイト・歳内宏明から左中間スタンドに本塁打を叩き込みました。

実質、ここでの活躍が評価されて、山田選手はその年のドラフト1位でヤクルトから指名されました。

山田選手を見て改めて思うのは、人はどんなきっかけで成長するか分からないということです。だからこそ、周囲の人間はそれを見守ることが大事なのかもしれません。

岡田監督の次の言葉はとても本質的です。

「**氷山の一角という言葉がありますけど、少しだけ頭を出しているけど、その下にどれだけのものが埋もれているのかは分からない。しかし、意欲を持ったことでそれが一気に見えるところに浮上することがある**ということなのではないでしょうか。山田の成長スピードはホンマにすごい勢いでした。あれだけの伸びを示した高校生を見たことがありません」

つまり、見る側は表面だけを見ていては、判断を間違えるのだなと思います。

筆者が実際にそうだったわけですが、山田選手を高校時代から見ることができて、人の可能性というのを感じさせてもらいました。

自分の名前を挙げたろって思ってた

中日ドラゴンズ
大野雄大

あまり適切な表現ではないかもしれませんが、プロのプレイヤーとは一つの「商品」、あるいは「作品」と言えるのではないかと思います。

だからこそ、選手を育てる指導者はその商品をより価値のあるものに高める必要があり、目先の勝利ではなく、成長につなげることが自身の評価につながるのではないかと思います。

一方、プレイヤーの側からいうと、自らの「商品価値」を証明して見せる必要があるのではないかと思います。

それが大会での結果なのか、1試合におけるパフォーマンスなのかは人それぞれの置かれた状況にもよるとは思いますけど、「プレイヤー＝商品価値」という考え方はプロという世界を戦う選手にとっては必要なことであるでしょう。

アマチュア時代、自分自身の「商品価値」を見せつけようとした選手として印象に残っているのが、中日ドラゴンズのエースピッチャー・**大野《おおの》雄大《ゆうだい》選手**です。

東京五輪の金メダルメンバーのうちの一人でもあり、２０２０年の沢村賞に輝いた投手です。

彼の野球人生を振り返ってみると、とても面白いです。京都外大西高校2年夏に甲子園準優勝。大野選手自身はマウンドに上がることはなかったのですが、決勝戦の相手は駒大苫小牧で、胴上げ投手となっていたのが同い年の田中将大選手（現楽天）でした。田中、そして、翌年の甲子園優勝投手となり、時の人となった斎藤佑樹選手（日本ハム）は大野選手にとって、やる気を促進させる存在でした。

大野選手はこう話しています。

「高校3年夏の甲子園に出られなくて、田中・斎藤フィーバーに沸いた大会を見ながら、俺も出とったら楽しかったやろなって思うと悔しかったですね。でも、斎藤投手が大学に進学するって聞いて、4年間で対戦する時がくるかもしれないと考えましたね。もし、その時が来たら、絶対勝ったろと思いました。勝ったとしてもメディアが取り上げるのは『斎藤佑樹、1回戦敗退』という記事かもしれない、自分はちょっとの記事かもしれないけど、それでもええから勝って、プレイヤーとして自分の名前を挙げたろうと思っていました」

高校時代のチームには、三人の投手がいて、継投で戦っていくチームでした。ガチガチのエースではなかったものの、3年春の選抜1回戦・東海大相模戦では先発を任されているほどです。

当時の雑誌などには「ドラフト候補」にも挙げられていました。高校卒業後、佛教大学に進むことが決まっていたとはいえ、大野選手はその評価を信じ、大学卒業後にプロに進むと決めていたのです。

そして、そのためには、**大学で自身の名前を挙げる、つまり、「商品価値」を見せることが必要と思っていた**わけです。

大学3年になって、大野選手は頭角を表します。全国大学野球選手権に出場すると、1回戦の中京大戦では9回5安打完封勝利を挙げました。秋の神宮大会にも出場。こちらはベスト4に進出しました。

斎藤との投げ合いは実現することはありませんでしたが、4年春の大学選手権1回戦には日米20球団以上が大野選手を視察するなど、その年の大学生のトップ投手としての評価を得るまでに成長していました。

つまり、大野選手は商品価値を高められたということです。

大学4年生の時、こう語っています。

「実際、僕の名前は売れたと思います。僕の中では同じステージにいるやつをライバル視する、というのが今まででした。そいつを抜かそうと。プロに入っても、同じステージ、同い年、投手、その中のTOPを目標にやりたいですね」

プロ入り後、大野選手はエースの座を掴むと、3年目に一軍定着を果たし2015年オフには1億円プレイヤーに成長しました。2、3年、低迷した時期もありましたが、2019年に復活を遂げると、2020年には11勝を挙げて10完投。沢村賞投手に輝いたのです。

同い年の元メジャーリーガーで楽天の田中将大はもちろん、現在メジャーにいる前田健太や澤村拓一(レッドソックス)、打者では柳田悠岐(ソフトバンク)、秋山翔吾(レッズ)、坂本勇人(巨人)など、同世代にライバルがたくさんいますが、その中にあっても、大野選手は彼らに劣ることのない立ち位置にまで上り詰めていると言えるでしょう。

ただ、**そんな大野選手を作り出したのは、彼自身が何よりも自分を「商品」として名を上げようとしたからに他なりません。**

学生の間はチームへの貢献を必要とされるところはありますが、自分を高めることを忘れなかった。その想いが彼を日本屈指の投手へと成長させたのは間違いありません。

進路選択は自分が成長できる場所を選ぶ

元メジャーリーガー
田澤純一

若い世代にとって進路選択は人生を大きく左右します。

夢を描き、それを実現するためにどの道を歩むべきなのか。高校はどこに通い、大学受験はどこを目指すのか。そして、就職先をどう決めるのか。あるいは、大学在学中に留学する手もありますし、最近では起業という選択肢もあります。どの道を選ぶにも必ず葛藤が生まれるものです。

昨今の野球界の夢の描き方は20年前とは考えられないほどに変わってきています。メジャーリーグの舞台で野茂英雄さんが成功を収め、それに続けとばかり多くの日本人選手が世界最高峰の舞台で活躍しています。

２０２１年は大谷翔平、ダルビッシュ有（パドレス）、前田健太、菊池雄星、筒香嘉智、秋山翔吾、澤村拓一、有原航平（レンジャーズ）がメジャーリーグに所属しています。このうち、大谷、菊池がオールスターにまで選ばれています。

これほど日本人が当たり前のようにメジャーで活躍するとなると、子どもたちの目標に変化が生まれるのも必然の流れであると思います。

今年のドラフトで日本ハムに1位指名されて入団が決まった天理高の達孝太投手は目標

とする選手の一人にマックス・シャーザー（ドジャース）選手を挙げています。日本人選手を目標にするのではなく、メジャーリーガーを思い浮かべる高校生がいる。実は達に限ったことではなくなってきているのですが、こうした変化は若い世代の「メジャー志向」を如実に表していると言えるのではないでしょうか。

日本のプロに入団してから海外移籍を実現するためのフリーエージェントの資格を得るまでには9年がかかります。日本で9年の実績を残してからピークをやや終えた時期にメジャーに行くべきなのか。

あるいは、日本のプロを経ずに早めにメジャー挑戦を目指すのか。様々な葛藤が日本人選手にはあるのです。

過去にはメジャー球団が食指したケースもありますし、菊池や大谷のように、一旦は「メジャー挑戦」を口にした選手もいます。現在Dバックスに所属する吉川峻平選手は「日本のプロを経てからでは30歳を超えてしまう」と社会人野球のパナソニックから、そのままメジャー球団入りを果たしています。

どの選手もメジャーを夢として捉えているため、少しでも早く挑戦したいと考えます。しかし一方で、失敗への不安もあるのもまた事実です。日本で実績を残してからと考える選手も少なくありません。

そんな葛藤がある中で、「夢」とは全く異なる視点でメジャー挑戦を実現した選手がいます。現在、台湾のプロ野球に籍を置く投手の**田澤純一**《たざわじゅんいち》**選手**です。

2008年、社会人野球のJX―ENEOSに所属していた田澤選手はドラフト上位候補と騒がれる選手でした。しかし、同年のドラフトを前にNPB球団に指名回避の通達を出し、ボストン・レッドソックスと契約しました。メジャーではセットアップとして活躍し、2013年にワールドシリーズ優勝に大きく貢献しました。

日米両方の選択肢があった中、田澤選手が決断の際にもっとも重要視したのは夢や憧れではなく「成長できるのはどちらであるか」であったのです。

田澤選手はこう話しています。

「僕は3年契約を結んでアメリカに渡ったんですけど、最初からメジャーの舞台に立てると思っていたわけじゃないんですよ。社会人から日本のプロに行く場合は『即戦力』という見られ方をする。

でも、当時の僕はその自信がなかった。**自分がどうやったら成長できるかという観点で考えた時に、じっくり育ててくれるのがアメリカの方でした。誤解されているので理解してもらいたいのですが、僕はＮＰＢが下でメジャーが上と見ているわけではなくて、その時の自分が成長できる方を取っただけなんです。**それなのに、『（メジャーに挑戦するなんて）調子に乗っている』と変な風に捉えられてしまったのが事実なんです」

日本とアメリカとでは球団の育成方針が全く異なります。日本では大卒・社会人卒となると「即戦力」とみなされ、1年目から一軍で結果を出すことを求められます。一方、アメリカではほとんどあり得ないことです。

しっかりマイナーで練習と実績を積み、メジャーでも問題なく戦力となるという地点に成長するまではじっくり育てていこうという方針なのです。メジャーの舞台が選手にとって夢であるのは間違いないのですが、どういう形を踏めば理想的かは、アメリカの方が一手先に進んでいると言えるのかもしれません。

田澤選手は現実を見つめれば答えは見えてくるとこう語っています。

「今、日本のプロ野球選手たちの多くがシーズンオフを利用してアメリカに来てトレーニングをしていますよね。それはつまり、アメリカがやっていることを認めているからだと思うんです。僕らが高校生くらいの時は、野茂英雄さんやイチローさん、松井秀喜さんを見てメジャーを知るようになりましたけど、今の高校生たちは当たり前にメジャーを見ることができています。高校生でもメジャーに来たいと思うのは必然なんじゃないかと思います」

メジャー挑戦が当たり前になった今の時代、プレーする選手は夢の先にあの舞台を意識するのは当然に起こることです。ただ、その中での**選択肢を迫られた時に、田澤選手のように「成長できる場所」を選ぶのは、人生において大事なことの一つになるのではないでしょうか。**

若い世代はたくさん成長できる可能性を秘めています。

それだけに、**環境はとても重要である**と言えます。

非エリートの
思考法

これよりまだ上の世界があるなら、そこへ行ってみたい

千葉ロッテマリーンズ
荻野貴司

プロの世界に飛び込む選手はすべてのプレイヤーが子どもの頃から頭抜けた才能を持っていたわけではありません。

なかには、中学生までは補欠だった選手もいるほどで、プロ野球とはエリートだけの集まりではありません。

人生の中に気づきがあり、選手として生きていく道を探した結果として、強みを見つけていくというのが往々にしてあるようです。

千葉ロッテのリードオフマンを務める**荻野《おぎの》貴司《たかし》選手**はスピードを武器としたプレースタイルを持っていますが、その才能が開花し始めたのは大学になってからのことでした。プロを目指したのも決して早くなかったと言います。

「自分にはパワーがないので、必死に走ることだけを考えるようになっていました」

荻野選手が野球を始めたのは小学4年の時でした。ちょうどサッカーブームに火がついた頃で「野球かサッカー、どちらかはやろうと思っていた」ところ、最初に誘われたのが野球だったそうです。

小学生時代はレギュラーだったものの、中学生の時に所属したボーイズリーグでは陽の目を浴びませんでした。所属チームは全国大会に何度も出場する名門ではあったのですが、荻野選手は試合に出られないばかりか「ほとんど幽霊部員だった」と回想しています。成長痛などがあり、グラウンドへは行かず、中学3年になると勉強ばかりしていたと言います。

高校は奈良県下有数の進学校・郡山でした。プロ野球選手も輩出するなど、文武両道を実践する学校として近畿圏内では知られています。荻野選手は高校進学時の想いをこう綴っています。

「郡山高校は頭が良くて野球も強いチームだったんで目指しました。高校でレギュラーになって、ボーイズの時にレギュラーだった選手たちと対戦して、倒すのを目標にしていました」

その言葉通りに、2年春に頭角を現すと、同年夏には遊撃手のレギュラーを摑みました。

今でこそ脚力が全面に出る選手ですが、当時は、遊撃手として華麗にボールをさばき、安打を量産。クリーンアップを任されるポイントゲッターでありました。

高校3年の夏、準決勝で名門・智辯学園を撃破。相手チームの中心にはボーイズリーグ時代のチームメイトでスーパースターだった選手がいました。甲子園の出場はならなかったものの、高校進学前に立てた目標を実現したのでした。

自分の強みをひたすら磨く

その後、関西学院大に進学すると、荻野選手はプレースタイルを変えます。高校の時のような打撃面で軸を担うのではなく、1番打者として出塁。盗塁してかき回す切り込み隊長のような選手になったのでした。

これにはチーム事情が関係しています。関西学院大が所属するリーグの他校に攻撃力の高いチームが多く、一方、関西学院大は足の速い選手が多かった。チームとして足でかき回そうと目指したところ、盗塁に意識を持つようになったそうです。これがのちに荻野選手の強みになるわけですから、人生とは分からないものです。

大学では足を武器にしてリーグを席巻します。4年春のリーグ戦ではシーズン記録となる17盗塁を達成。荻野選手のスタイルは出来上がりました。

関西学院大を卒業後はプロへと進まず、社会人野球のトヨタ自動車に入社。アマチュア野球のトップに君臨する道を選んだのでした。当時はプロ野球選手になることを意識していなかったと言います。社会人で活躍する選手になることが彼のプライオリティーでした。ところが、入社してから2年。レギュラーとしてチームの多くの勝利に貢献すると、荻野選手の心境に変化が生まれました。武器にしていた足で活躍できたことで、さらなる世界に想いを馳せたのでした。

荻野選手はこう語っています。

「体が小さかったんで、足を使うしかないと思っていたんです。ただただ夢中でした。レギュラーとして2年やらせてもらって、都市対抗野球大会に出場した時に、これよりまだ上の世界があるのなら、そこに行ってみたいと思うようになったんです」

2009年のドラフト会議では、菊池雄星、筒香嘉智、今宮健太ら将来を嘱望された高校生が多く1位指名を受ける中、荻野選手はロッテからの単独1位指名を受けました。足を武器にしたスタイルがドラフト1位という称号を得たのです。

荻野選手はプロ入り後、自身の強みである盗塁についてこう語っています。

「僕は盗塁でアウトになるのが一番悔しいんです。凡打よりも盗塁アウトが嫌です。盗塁の失敗は流れが変わりますから。目標は100%の成功率です。90%でも高いと言われることは知っていますけど、盗塁の失敗はしたくない」

生まれつきのエリートではなかった荻野選手は一つずつ階段を昇る中で、自身の強みを見つけ出し、プロの舞台へとたどり着いたのでした。

盗塁アウトが何よりも悔しい。

走ることへの矜恃が彼に生まれたのは、それまでの人生で積み上げたものの大きさに他ならなかったのです。

子どもの頃から誰よりもホームランを打つ練習をしてきました

埼玉西武ライオンズ
中村剛也

ノルマや目標達成を果たしている人間とそうでない人間を隔てる大きな差があるとしたら、それは本気で狙いにいっているかどうかの差だと思います。そして、どうすれば達成できるかを感覚的にではなく、言語化できる能力も必要な素養です。

六度のリーグ最多本塁打王に輝いている西武の**中村剛也《なかむらたけや》選手**は、ホームランのタイトルを狙って獲得している強者スラッガーと言えます。

「子どもの頃から誰よりもホームランを打つ練習をしてきました。**ホームランを狙う以上は一番にならないと**」

野球というスポーツにおいてホームランは醍醐味の一つです。しかし、確率が高くないホームランを狙って打つようなことは、チームスポーツである野球ではあまり良しとされていないところがあるのもまた事実です。チームのためにヒットを狙うことや、チームバッティングをすることが団結力を高めることにつながるという風潮があります。

日本のバッターの多くが「ヒットの延長線上がホームラン」と語るのも、そうした空気感があるからに他なりません。

取り組むのはあくまでホームランを打つためのスイング

しかし、そんな中にあっても中村選手は頑として譲らないのです。

「自分のスイングをすればホームランは打てると思っています。打つポイントとタイミングをしっかり合わせて、そのポイントで打てればなんとかなると思っています。できる、できないは別として、ホームランは狙って打ちに行きますし、狙えると僕は思っています」

中村選手がアーチストとしての脚光を浴びるようになったのは高校生の時でした。大阪桐蔭高校の主砲として、高校通算83本塁打をマークしてプロ注目の選手となりました。ぽっちゃりとした体型のためパワーだけのような選手に思われがちな選手でもあるのですが、手首の使い方が柔らかく、広角に打ち分けることができるのも魅力の一つです。

ストレートだけでなく、変化球もモロともしません。どんな速い球も、特殊な変化球もスタンドに運んで見せるのです。2008年に初めてホームランのタイトルを取ると、2016年までは規定打席に到達したシーズンすべてで本塁打のタイトルを獲得。通算六度も最多本塁打王獲得は圧巻の一言です。

もっとも、そんな中村選手にも大スランプが訪れます。2017年から2018年シーズンの途中までほとんど打てなくなりました。

ボールへの反応が遅れるようになり、打球が前に飛ばなくなったのです。本人的には「引退危機」がささやかれていました。

この時、僕には一つのことがよぎりました。

中村選手は引退ではなく、ホームランを捨てて、ヒットを打つことに専念すればまだまだやれる。代打の記録を塗り替えるくらいの選手になることが可能なのではないかと思ったのです。

そう思った理由は彼の母校の恩師大阪桐蔭の西谷浩一監督から「中村はミートするのもうまいんです。プロではチーム事情でホームランを狙っているけど、首位打者が取れる選手」と過去に語っていたことを思い出していたからでした。

しかし、2018年後半から調子を取り戻した中村選手は2019年には30本塁打を放ち、見事に復活を遂げます。

ホームランのタイトルを取ることはできませんでしたが、打点王に輝く活躍でした。

この時、引退が頭をよぎっても、ホームランを捨てなかったと中村選手は言います。

「このまま終わっていくんやろうと思ったんですけど、それと同時に僕が思ったのはもう一度、ホームランを打ちたいなぁと。だから、安打に切り替えようとか考えなかったです。ホームランを打つってことは、いいスイングしないと難しい。ヒットならなんとか小手先で打てたりする場合もあるんですけど、ホームランはそういうわけにはいかないですから。もう一度ホームランを打とうと思った」

取り組むのはあくまでホームランを打つためのスイング。

年齢は37歳とパワーに衰えを見せ始めているものの、450号本塁まであと10数本。おそらくこのメモリアルさえも、中村選手は狙っていくのでしょう。

固定観念に縛られたくない

阪神タイガース
藤浪晋太郎

高校生からプロ野球選手まで多くのプレイヤーをインタビューしていると様々なタイプに出会います。雄弁に語る選手、そうでない選手、技術について語るのが好きな選手、精神論が好きな選手など。どれが正しいかを言いたいわけではないのですが、選手によって異なる言葉の操り方は非常に勉強になることがあります。

取材をしていて、予想の範囲内で感じるのは、読書をしている選手ほど言語能力が高く、言葉の選び方がうまいです。

「インタビューを受けた時に感じるんです。**読書をしてきてよかったなって。語彙力という部分で役に立っていると思うんですよね**」

そう語るのは大阪桐蔭高校時代に、甲子園の春夏連覇を達成した時のエースで、阪神で投手として活躍する**藤浪晋太郎**《ふじなみしんたろう》**選手**です。

彼は小説などを中心にする熱心な読書家であるのですが、高校時代から落ち着いた語り口の印象があります。

藤浪選手が本を読むようになったのは中学生の頃でした。山田悠介の「リアル鬼ごっこ」や東野圭吾の「ガリレオシリーズ」を手にとり、読書にハマっていったのだと言います。

実は藤浪選手とは読書の話をかなり長い時間したことがあります。高校1年夏からベンチ入りし、将来性が期待された藤浪選手はドラフト候補と騒がれていました。取材の一度目はそんな中での2年の秋の頃のことでした。

東野圭吾が好きだということで、最初にオススメしたのは「手紙」。犯罪被害者と犯罪加害者家族の心の葛藤を描いた物語です。これを本人に勧めたところ、3年春の選抜で優勝を決めてしばらく経った時に、感想を述べてくれました。

「内容はかなり重かったたです。でも、犯罪加害者の家族のことなど考えたことなかったです。それを知ることができたのも大きいですね。ニュースを見る時に、事件があったと聞くとニュースの見方が変わりました。犯罪加害者家族のことを浮かべるようになりました」

この言葉を聞いていると、藤浪選手の思慮深さを感じていただけるのではないでしょうか。読書の意味とは思考力だと思います。文章を読むというだけでも考えるきっかけになりますが、内容から与えられる影響は大きいと思います。

その中で彼は高校時代、着実なステップを踏んできたのだと思います。

思考する力

藤浪選手は鳴り物入りで大阪桐蔭に進学しましたが、高校時代の半分くらいは甲子園と縁が遠く、不運な投手のイメージがありました。2年夏の大阪大会決勝戦では先発しましたが、最後まで投げきれずに敗れています。

2年秋も結果的に甲子園に出場することはできましたが、大事な試合だと言われた近畿大会準々決勝で敗れています。この試合に勝てば「甲子園」という試合で2大会連続で敗れていたので、彼には厳しい言葉が飛んだものでした。「勝負弱い」「運がない」「持っていない」、と。

甲子園出場を果たせていなかったとはいえ、成長の階段をじっくりと上がれていたのは間違いありませんでした。球速は年を追うごとに伸びて行きましたし、高校入学時は140キロを超えたばかりのストレートは150キロになっていました。

コントロールが良かったわけではないのですが、乱れることがあった時は、それをうまく利用するクレバーさも彼の持ち味でした。結果、春から夏にかけて、甲子園では無敗で駆け抜けたのでした。着実に階段を昇ってこれたのは、思考することで自身の課題に向き合ってきたからではないかと思います。

目先の練習に没頭することは大事ですが、物事をしっかりと俯瞰して考えてこられたからこそ、着実なステップを踏むことができたのです。

藤浪選手は高校時代を振り返り、読書の影響が与えたことは大きいと語っています。

「自分の固定観念には、あまり縛られたくないんです。だから、野球関係の本はあまり好んで読まないんです。サッカー日本代表・長谷部誠さんの『心を整える』や『スラムダンク勝利学』など、**いろんな考え方に触れられるので、僕にとって読書は良いものです**」

藤浪選手はここ数年、本来の力を発揮できずに苦しいシーズンが続いています。いつか、この不調を乗り越えてくれると思いますが、そんな時には、最近、どんな本を読んだのかを聞いてみたいものです。

何事にも興味が湧くマインドづくりをする

福岡ソフトバンクホークス
石川柊《しゅう》太《た》

現在の野球界は進歩が著しいのです。テクノロジー化の波を受けての発展が凄まじいのです。データサイエンスを使い、選手の能力を可視化していく。そうすることで、再現性を高めて安定的に能力を発揮させるのです。

これはメジャーリーグの影響をもろに受けているのですが、日本のプロ12球団のうち11球団の本拠地球場にトラックマンという機器を取り付けているのです。

トラックマンとは「TRACKMAN社」が開発した弾道測定機器のことです。軍事用レーダー技術を転用した計測機器で、ボールの軌跡を高い精度で記録できるんです。ゴルフにおけるスイングのメカニックスを知る上で参考にされていたようですが、野球においては、ボールの回転数や回転軸、投球の際のリリースの高さ、バッターのスイングスピードやスイングの角度などを測定することが可能なのです。

いわば、その数値によって、プレイヤーのパフォーマンスが印象度ではなく、しっかりと数値化されるというわけです。といっても、結果を見て喜ぶのではなく、違いは何かを解析することで、日頃のフィードバックはもちろん、選手の育成にも活用できるということです。

このデータを必要としているかどうかは選手個々の判断に委ねられるわけですが、ここ数年は、投手の中に活用する選手が増えてきているのです。

昨季のパ・リーグ最多勝投手に輝いた福岡ソフトバンクホークスの投手、**石川柊太**《いしかわしゅうた》**選手**は、プロ入りは育成選手だったのですが、少しずつ階段を昇り、日本を代表する投手の一人に成長しています。

石川選手の良さは、こうしたデータはもちろん、野球界の情報を収集し、自身の成長につなげるところです。様々な声を傾聴する幅の大きさは球界屈指です。

例えば、今はコロナで不可能になりましたが、シーズンオフになるとダルビッシュ有選手のアメリカの自宅を訪れ、ともに汗を流すということをやっているのです。

石川選手はスーパースターに学ぶというありきたりな表現ではなく、ダルビッシュ選手の姿勢から得るものは大きいとこう語ります。

「技術的なところで言えば、カットボールに関してひっかける感じというのを教えてもらって、それを参考にして良くなりました。ただ、それ以上にダルビッシュさんと野球の話をしている中で得ることが多いです。メジャーリーグで成績を残している方が、それでもまだ現状に満足せずに、上を目指している。日々の野球に対する取り組みから学ぶことが多いです。トップレベルの人もやっているんだっていうのを間近で見て、より一層、僕たちがまだまだなんだなって思わされました。**ダルビッシュさんは、1回、チャレンジしてみるそうです。それをすごく言ってみていて、自分に合わなかったら、取捨選択して、それを繰り返している。そういうのも、自分もやってみて良かったらやるし、やらないという感覚は大事だなと。その繰り返しの中で自分というものが作り上げられていく。探究心が必要だと思います**」

石川選手にピッチングの話を尋ねると印象だけで話していないことが手に取るように分かる。自分のストレートが人とは異なりシュート回転していることやフォークが特殊な落ち方をしていることも彼の中で理解をしている。これは数値を知らなければ分からないことでもあるのです。そうした知識を持っているからこそ、ダルビッシュ選手から得られることが大きいのです。

つまり、石川選手はデータを知ること、それらを通して、スター選手から学ぶことを常態化していて、それが彼の中での反省と改善を繰り返してピッチングをさらに大きくしていっているのではないでしょうか。

どうすれば自分は認められるか

さらに、石川選手の傾聴力は、トレーニングにまで及びます。日頃からYouTubeやSNSの配信などをチェック、一般的には知られていない有名ではない人物の動画などにも目を通して、自己研鑽《けんさん》を忘れないのです。

石川選手はそうした姿勢を危機感があるかのようにこう話します。

「基本的に、自分がいいピッチングをしていると思っていないんです。常に自分のピッチングを見直しています。自分が思ったところにすべて投げられて、自分が思った時に三振を取れるのが一番の理想だと思っているんですけど、まだまだだなと。ですので、データの使い方にしても、トレーニングなどにしても、先手先手で、情報を仕入れる状態にしていかないと、遅れていくというのは感じています。『え？　何それ』って1年後に知ったら、それは本当に遅い。1年の遅れをとってしまうことで、野球人生が大きく変わってしまう。何かがあって、興味が湧くのではなくて、日頃から何事にも興味が湧くようなマインドづくりを自然とできるようにしています」

石川選手はプロ入り当初は一軍の試合に出場できる支配下登録枠には入っていませんでした。どうすれば、自分は認められるのか、支配下選手になれるのか。常に人に耳を傾けることで、成長を遂げてきた背景を探ると、彼の成長が必然にも思えてきます。

テクノロジーの進化が当たり前になっている社会の中で、どのように自分の人生につなげていくかは、現代を生きる我々にとって非常に重要なことだと思います。時代に乗り遅れないように。先手を打てるように。その意識を持つことが成功者の道へ進むきっかけになるに違いありません。

チームを優勝に導くように、引っ張っていきたいその先に成長が待っている

千葉ロッテマリーンズ
中村奨吾

スポーツにも一般ビジネスにも様々な役割があります。

野球では守備のポジションという役割もあれば、打順の役割、チームを引っ張っていく立ち位置など様々なポジションが存在しています。

守備でいえばショートは守備の要だし、キャッチャーは女房役とも言われる。打線では1番がリードオフマンと言われ、3〜5番はクリーンアップとしての期待度も高い。投手ならエース、また、チームのキャプテンはいろんな重責を担います。

どこにどの選手を当てるかは、指揮官の「センス」だと思いますが、選手の中には、今はその能力がなくても、役職を与えることでプレーに責任が生まれて飛躍的に成長を遂げる選手も少なくありません。

千葉ロッテの**中村奨吾《なかむらしょうご》選手**は、キャプテンを務めることでプレーレベルを高めた選手と言えます。

中村選手は野球界でいえば、エリートとも言える人生を歩んでいます。

中学生の三田ヤング時代は、山田哲人（ヤクルト）よりはるかに目立つ存在で私学強豪校からの誘いは引く手数多でした。高校は父親の出身校ということで、奈良県の強豪・天理に進みました。1年秋から外野手のレギュラーの一角を任されるなど、その非凡なセンスは入学当初から輝いていました。

しかし、思うような結果を残すことができませんでした。1年秋、奈良県大会を無安打で終えると、近畿大会からはメンバー外。チームは2009年春のセンバツに出場するのですが、中村選手はベンチにも入っていません。

ある冬場の練習の日のことです。三人1組で長距離走のリレー種目をやっていたのですが、中村選手は手を抜いてダラダラと走っているのを見かけました。当然、中村選手のグループは最下位です。

なぜ、中村選手がそんなことをしていたかというと、中村選手のグループは超鈍足グループだったのです。本気を出したところで勝てるわけがない。そう考えた中村選手は全力を出そうとしなかったのです。練習がこの後もあったから。

「中村って、ああいうところがあるんです。ムラっ気があるというか」

2年春のセンバツのベンチに入れなかったのも、そうした「無責任さ」が当時の指揮官に伝わり、お灸を据えられていたのだとこのコーチの証言から読み取れます。

とはいえ、能力は申し分なかったです。センバツ大会が終わって、チームが再出発を迎えると、中村選手はすぐにレギュラーを奪い返します。夏は2年生ながら3番を務めました。翌年も3番打者として、春・夏連続で甲子園に出場。3年夏、山田との直接対決には敗れましたが、甲子園でもその才能の片鱗を見せていました。

大学は東京六大学の名門・早稲田大学に進学。中村選手が大きく変わったのはこの時でした。1年秋からベンチ入り、2年からは今も本職にしているセカンドにコンバート。レギュラーに定着しました。大学日本代表にも選ばれるようになり、そして、4年生になるとキャプテンに就任したのです。

重要ポストを任せることで引き出せる力がある

中村選手の野球人生では初めて重要な役割を任された時でした。

彼はこの時の心境をこう語っています。

「キャプテンをするのは野球人生で初めてなんです。でも、任命されるような気はしていました。**僕は、背中で魅せるというか、自分の活躍がチームにつながればいいっていうタイプでやってきました。**その考えが今もないわけではないんですけど、自分の成績が良ければいいという立場ではないと思う。最後の1年は、チームを優勝に導いていけるように、引っ張っていきたいですね。その先に成長が待っていると思いますから」

大学では3年連続して秋のリーグ戦でベストナインを獲得し、２０１４年秋のドラフトで、ロッテのドラフト単独1位指名を受けました。

ロッテ入団後はルーキーイヤーから一軍に定着。しかし、レギュラーを掴むまで少し時間を要しました。２０１８年に全試合出場、初の規定打席に到達。この4年間はチームの顔にもなっています。

この変化を見ていくと、井口資仁監督の就任の影響が大きい。

井口監督は中村選手をやる気にさせるような言動をメディアを通して繰り返していたのが大きかったのではないかと思います。就任時には30本塁打、30盗塁の「３０－３０（サーティ・サーティ）を狙える」と期待を寄せ、レギュラーに固定。本人も目標にしていました。

井口監督が就任してから生まれ変わったかのような輝きを見せるようになりました。「技術面はあまり変わってないです。それより精神的な部分が大きいかな」と球場であった時には話していましたが、レギュラーを任され、責任を背負わされて力を発揮する、中村選手の特徴が現れていたと思います。

２０１８年は３番に定着。３割近い打率と39個の盗塁を成功させています。２０１９年、２０２０年はやや結果を残せなかったものの、今季はキャプテンを任されたことで責任を背負い３番の役割を果たしました。打率・出塁率ともにリーグ上位の安定した成績を残しています。

大学でキャプテンを務めて変貌を遂げた姿を思うと、今季の活躍も納得がいきます。**気楽なポジションを任せるのではなく、責任を負わせる。「地位が人を作る」**という言葉があるように、重要ポストを任せることで引き出せる力がある。中村選手はその一つの例と言えるかもしれません。

メジャーで成功するための準備、それだけはやれていた

千葉ロッテ監督
井口資仁

人生の成功に不可欠なのは偶然性に期待することではないことは多くの人が理解していると思います。

そして、必然性にするためには、それ相応の準備をしないことには人生は正しい方向にいきません。

成功の背景には必ず、それだけの「準備」と「覚悟」があると僕は思います。

日本人メジャーリーガーの中で、成功が難しいポジションとなっているのが内野手です。これまで数多の日本のスーパースターたちが海を渡りましたが、成功と呼べる活躍ができた選手はそう多くいません。

中島宏之さん（巨人）田中賢介さん（元日ハム）西岡剛さん（元ロッテ）松井稼頭央さん（元西武）は日本の歴史上においても優れた才能とも言えますが、彼らはメジャーの舞台で日の目を見ることはありませんでした。

その中で唯一の成功例として挙げられているのが、ホワイトソックスでワールドチャンピオンに輝いた千葉ロッテ監督の**井口資仁《いぐちただひと》さん**です。

「自分が成功したと言えるかどうかは分からないですけど、準備だけはしっかりとして行った。メジャーに行ってみてから考えるというよりは、準備が整った状態でメジャーに行きましたから」

そもそも井口さんがメジャーリーグ挑戦を志したのは大学生の時でした。4年生の時にアトランタオリンピックに出場。アメリカやキューバと対戦する中で、メジャーリーグへの想いが芽生えたと言います。

とはいえ、当時の日本人の感覚では日本のプロ野球で成功することが第一で、その先まで考えるのは御法度と言える時代でした。まずは日本でスーパースターと言えるだけの数字を残してから夢の置き場所を変える。

井口さんは大学球界屈指の内野手としてダイエー（現ソフトバンク）入りを果たしますが、一軍定着はルーキーイヤーから果たしていたものの活躍を始めたのは割と遅い時期のことでした。

2001年に30本塁打44盗塁を記録したあたりから本領を発揮。プロ入りして4年目のことでした。

プロ入り4年目のこの時、すでに井口さんはメジャー挑戦への準備を始めていたと言います

一つはエージェント探し。２年目のオフにはアメリカに渡り、メジャーとの契約を果たすための準備に入っていたと証言しています。

二つ目は天然芝への対応と併殺の際のピボット役の修得。

井口さんは２００１年からセカンドにコンバートしていますが、前への奪取力を鍛えるため、待って捕球できる打球でもなるべく前へ出ることを心がけます。また、ジャンピングスローやシングルハンドキャッチも意識的に使うようにしました。

併殺の際のピボットは日本人の課題でした。今でこそルールが改正され、併殺を防ぐスライディングは禁止されていますが、井口さんの現役当時は潰されるケースが少なくなかったのです。松井稼頭央さんや岩村明憲さん、西岡剛さんは、まさに餌食になった選手でした。

井口さんはそのことを意識して日本時代から適切なピボットの練習をしていたのです。

「セカンドへのスライディングはいろいろ言われていましたが、僕は潰される方が悪いと思っていました。バランスがよければかわせるはずなんです。でも、打球のスピードも、走者がどの辺にいるかも分かるので、それを無理矢理アウトにしようとするから怪我をするんですよね。日本の選手はみな怪我をしましたけど、それはほとんどの選手の本職がセカンドじゃなかったからでしょうね」

三つ目は動くボールへの対応。

井口さんは2000年からミートポイントを捕手寄りにするスタイルに変えたと語っています。

もともと成績が上がらなかったから取り組んだことでもあったそうですが、目標を再度意識して取り組もうというビジョンがあり、それが動くボールへ対応できるバッティングの習得だったのです。

２０００年から井口さんの打撃は向上。２００３、２００４年はハイアベレージを残し、翌年からメジャーへ挑戦したのです。

ホワイトソックスでは2番打者として定着。ワールドチャンピオンに輝きましたが、当時のホワイトソックスの監督、オジー・ギーエンは「影のＭＶＰは井口」と称えたほどで、いかに井口さんの存在が大きかったかを証明しています。

ホワイトソックスで2年と少し、フィリーズでは1年と半分くらいを過ごして挑戦は終わりました。在籍年数は4年と短かったものの、二度のワールドチャンピオンに輝くなど内容の濃いメジャーリーグ生活だったと言えます。

井口さんはメジャーでの4年間をこう振り返っています。

「**楽しい記憶しか残っていないですね。嫌な思いをしたことがなかった。何事もそうですけど、挑戦する限りは準備してから行かないと絶対に後悔する。**やるだけやってダメなら納得できるじゃないですか。メジャーで成功できるための準備。それはしっかりやれていた。だから、**どれだけ通用するのか楽しみだった**」

日本での活躍の対価としてメジャーに行くのではなく、ビジョンとしてメジャーでの成功を描いて覚悟を決める——。

井口さんも語っているように、何事も成功を収めるためには準備が不可欠です。監督就任4年目の今季、井口さんが指揮する千葉ロッテは優勝争いをしました。黄金時代到来の準備は着々と進んでいるようです。

開き直りの一手が大事

元読売ジャイアンツ
山口鉄也

200

数多いるプロ野球選手の中に「弱気」な選手がいます。

プロは「生意気でなければいけない」という言葉をよく聞きますが、巨人のリリーバーとして、史上初の200ホールドポイントを挙げた**山口鉄也《やまぐちてつや》元選手**（現巨人コーチ）は、その最たる例と言えます。

現役時代だった頃、山口さんのインタビューには拍子抜けしました。

先にも書いたように、山口さんは200HPも挙げるような、日本球界屈指のリリーバーでありました。数多くの修羅場を潜り抜けた投手であり、そんな山口さんから感じるのは、土壇場の強さでした。しかし、**山口さんは「不安しかない」という精神状態でマウンドに上がり続けていたと言うのです。**

「試合に出始めた頃は打たれて当然、『抑えられるわけないじゃん』くらいに思っていたんですけど、自分の立場がどんどん勝ち試合の重要な場面になってから、不安を抱くようになりました。開幕から24試合連続無失点を記録した時は、自信を持ちながらマウンドに上がれていました。**抑え続けることによって、自信が付いてきていた。でも、打たれるとまた自信がゼロになって……。**試合の展開によりますけど、僅差で行く時は常に不安ですね」

そんな山口さんにとって衝撃的な体験となったのが、2013年、5月5日の対広島戦。この日は、試合前にジャイアンツの伝説的プレイヤー・長嶋茂雄さんの国民栄誉賞授与式と松井秀喜氏の引退式が行われ、どうしても負けられない試合だったのです。先発投手の内海哲也投手も「想像できない。重たい」と語っていたほどで、それはナイン全員の総意でもありました。

試合は1―0のリードで進み9回へ。セットアッパーだった山口選手はそれまで出番がなく、クローザーの西村健太朗投手が抑えるのを見守っているはずでした。ところが、その西村投手が大乱調。失策もあったのですが、四球と死球でランナーをためて二死満塁となったところで、山口さんに声がかかったのです。

「9回が始まった時は、(西村)健太朗が抑えて終わりだと思って、ベンチに座ってゆっくりしていました。もう僕の出番はないと。すると、エラーでランナーが出て、ブルペンに電話がかかって来た。行くかもしれないから、準備しといてって。それからキャッチボールを始めたんですけど、僕の中では、キャッチボールで終わってくれることを願っていました。ブルペンキャッチャーの方が座るようなことがないように。マウンドに向かうことがないように……と願っていました」

山口さんは、声がかかってからマウンドに行くまでの記憶が、ほとんどなかったと言います。

初球ストライクを取ると、2球目をショートゴロに抑えて、ゲームセット。山口さんはこの試合をなんとか乗り切りましたが、マウンドに上がるまでの間に「記憶がない」と言っているあたりに不安な精神状態だったことを感じることができます。

不安な気持ちを支える「強み」を持つ

とはいえ、この試合がそうであるように、山口さんは不安を口にしながらも抑えてしまうのです。事実、その成績が物語っています。9年連続で60試合登板を果たし、五度のリーグ優勝。二度の日本シリーズ制覇。最優秀中継ぎ投手のタイトル三度受賞はNPB記録です。

そんな山口さんが必ずマウンドに向かうまでに行っているルーティンがあります。それはブルペンでの最後の1球を全力で投げるのです。

この意図を山口さんはこう説明します。

「メンタルをコントロールするこだわりとかは本当になくて。不安な気持ちでマウンドに上がって、ピンチになったら逆に開き直れて強気になれるみたいな感じなんです。ブルペンでコーチに『いくぞ』って言われた時に、最後の1球だけ、思い切り投げてマウンドに向かう。ただそれは、気合を入れるというのもあるんですけど、開き直るっていう気持ちを持つためでもあるんです。**困ったら真ん中を目掛けて思いっきり腕を振る。中継ぎは開き直ることが大事ですから**」

山口さんの中には「いざとなったら」というのが心の支えかもしれません。

不安で仕方ない気持ちは変わらないものの、最後の最後は腕を振ってどんな状況も乗り越えて見せる。ブルペンの最後に、自分の最後に果たすべき状態を作ってマウンドに向かうのは「強み」を理解しているからなのかもしれません。**不安な気持ちを支える「強み」がある。これも人生を成功に導く大事な要素です。**

常に見られているという意識を持つようになった

元東北楽天ゴールデンイーグルス
今江敏晃

プロ野球のスター選手ともなると、その一挙手一投足が注目の的となります。新幹線の移動や普段の食事など。街角で一般人から見つけられた時には、その行動は監視されているようなものです。

野球以外の生活まで気を配らなければいけない日常は、プロ野球選手としての〝有名税〟と呼べるでしょう。

もっとも、**行動が注目を浴びる理由は、一目置かれているからに他なりません。粗探しをするために、彼らの姿を見つめているのではなく、羨望の眼差しと言った方がいいかもしれません。特に、子どもや憧れなどを持つ世代からすれば、プロ野球選手はスターなのです。**

千葉ロッテ時代の2005年、2010年の二度にわたって日本シリーズMVPに輝いた元東北楽天の**今江敏晃《いまえとしあき》さん**はその行動で範を示した野球選手の一人です。

2006年ごろから児童養護福祉施設や小児がんへの支援と訪問を行っていて、子どもたちの憧れとなるような活動を自ら買って出ていたのです。

今江さんはこの活動を通して心がけていることがあると言います。
「少年の頃から野球が大好きだという根本の気持ちは変わらないんですけど、プロ野球は、自分一人で野球をやっているのではなくて、ファンがいて、支えてくれるスタッフの人がいて、いろんな人に支えられてできています。その中で周りの人、**子どもに夢を与えることができるわけですが、だからこそ、常に、見られているという意識は持つようになりました。**僕も一人の人間なので、好きなことをやりたいですが、プロ野球選手なので、考えて言動と行動をしないといけないという意識は、この活動をするようになって変わりました」

先にも書きましたように、今江選手は2005、2010年と日本シリーズでMVPに輝きました。その勝負強さには驚くばかりですが、2005年と2010年とでは質の違うものだったと話しています。

アスリートとしての価値の存在

2005年は「見られている」意識というより「目立ちたい」というものだったと言い

ます。この活動をしていなかったというのもありますが、当時のパ・リーグは今ほど人気があったわけではなかったから「目立ちたい」という想いがあったそうです。

その中で活躍することができ、今江さんは一躍全国区となったというわけです。そこで名前を挙げて、慈善活動の方に意識が向いたと言いますから、結果を出すことによって、言動や行動を変えて行ったとも言えます。

そもそもの活動は2006年頃のことでした。その年は成績が出なくなり、思い悩んでいたところ、テレビでチャリティー障害者野球チームの映像を見る機会がありハッとさせられたと言います。

今江さんは成績が悪くて気持ちが沈んでいた時期だったのですが、その番組で片手のない子どもや半身不随の人が一生懸命ボールを追っかけていたのです。その姿を見て、「こういう人たちが頑張っているのに、五体満足の自分が何をしているんやろ、何をくよくよ悩んでいるんやろ」と考えるようになったと言います。プロ野球の世界でやらせてもらっていることを幸せに感じないといけない立場であり、すぐ改心し、その番組に出ていた障害者野球チームに手紙を書き、今江さんの支援活動は始まりました。

今江さんはその活動と自身の結果が直接リンクしたとは言い切れないものの、活動をしたことによって生まれたことはあるとこう語っています。

「2010年に関しては、僕は社会福祉活動をやっていました。日本シリーズだと全国放送ですので、**養護福祉施設の子どもや関わっている人たちが見ることができる。何とか頑張っている姿を見せられれば、みんなにいい刺激を与えられるんじゃないかという気持ちでプレーしていました**」

プロ野球選手は常に羨望の眼差しで見られている。そうした子どもたちのために、全力プレーで恩返しをする一方、今江さんのような活動をすることも、公人としての役割と言えるかもしれません。

筆者も児童養護福祉施設にチャリティー活動として訪問したことがあります。そこにいる子どもたちは複雑な事情を抱えていて、様々な思いを抱いているのを感じることがありました。自分にはできることは限られていましたが、こういう活動にプロ野球選手が参加することにこそ、アスリートの価値が存在するというのもまた事実なのです。

リーダーの頭脳

次の世代のために何かをしてあげる

元メジャーリーグオールスターズ監督
ドン・マッティングリー

年齢が40歳を超えてくるとこれから先の未来のことを考えるようになりました。

自分が60歳になったらということではなく、目の前にいる自分の子どもや甥っ子や姪っ子などの親類。彼らのことを愛おしく思えば思うほどに、将来の日本がどうあるべきか、教育のあり方についてなどを考えるようになりました。

教育や子育てに大事なのは環境づくりだと思います。子どもたちがすくすく元気に前向きに希望を持って歩んでいく。どういう人生をつくってあげるかが大人の役目ではないかと思います。

自分が親や親類など大人にしてもらった嬉しかったことや思い出は子どもたちにもしてあげたいし、一方で、自分の人生に出た課題や自分の弱さを省みて、同じようなマイナスな思いはさせたくない。

そういう思いの一つ一つが子どもの育ついい環境をつくることにつながるのではないでしょうか。

スポーツで言えば、アスリートが魅せる一つ一つのプレー、当然、スーパープレーに魅了されるのが世の常ですが、アスリートたちの立ち居振る舞い、言動なども子どもたちにとって大きな意味を持つと日頃から感じています。
２０１８年に日本で開催された日米野球では、アメリカ代表チーム、ＭＬＢオールスターズの姿勢には感銘を受けることが多かったです。

まず、最初に感銘を受けたのがフェアープレー精神です。

日米野球の開催期間中、試合前や試合中のオーロラビジョンにはフェアープレーを推進する映像が流されました。日米両国のリーグで繰り広げられている試合の中にあるフェアープレーシーンをまとめているのですが、メジャーリーグの考え方にはスポーツが存在することの意義を伝えていました。

どのようなシーンだったかというと、普段は敵対する相手でも、出身国が同じ選手たちが試合前にハグをして健闘を称え合うシーン。あるいは、試合中にファールフライを追って選手がベンチの中に飛び込んでいくと、ベンチにいる選手たちが一斉にその選手が怪我しないように手を貸すシーン。危険から避けようと手を差し伸べるスーパースターたちの姿は感動さえします。

また、あるシーンでは、バッターが外野を超えるような強烈な打球を打ったところ、守備側の選手がスーパープレーを見せます。時にはスタンドインするような打球をもぎ取って防いだシーンなどもありました。この時の打者のレスポンスがまた素晴らしいのです。ヒットやホームランになりえた打球を防がれて悔しいはずのところ、彼らはヘルメットや帽子を取り、スーパープレーを見せた守備の選手に敬意を表するのです。

「お前にはやられたよ」
「こんな素晴らしいプレーされたら、もう勝てないよ」
とでも言わんばかりに。

スポーツというのはたった一人ではできません。試合をする時は敵対していますが、いいプレーが出た時に称えあえるのは一緒に試合を作っている仲間だという意識があるからだと思います。こうした姿勢を子どもたちが見ると人を大切にしなければいけないというメッセージにはなるだろうなと思います。

そして、そうしたメジャーリーガーたちの姿勢は常日頃の行動にも現れています。緊張感のある試合前であっても、子どもやファンからサイン攻めにあっても、顔色を変えることなく応じていたのです。

一方、侍ジャパンは試合前になると緊張感に包まれます。僕らの取材に応じてくれるのも数人くらいになるほど集中しています。ですから、メジャーリーガーのような行為をする選手は稀です。もちろん、侍ジャパンの姿勢を否定しているわけではなく、その気持ちは分からないわけではありません。ただ、メジャーリーガーたちのファンサービスをすることに迷いがないことに驚きを隠せません。

日本の子どもたちが試合前であってもサインに応じてくれた選手たちの姿勢に「何か」を感じたのは間違いないと思います。

次の世代のために何かをしてあげる

メジャーリーグの選手に芽生えている、そうしたファンサービスの意識について、日米野球のメジャーリーグオールスターズの監督を務めていた**ドン・マッティングリー**に尋ねました。

すると、彼はこう答えたのです。

「ＭＬＢの選手たちは子どもたちと触れ合うということに関しては非常によくできていると思っています。選手たち全員が自分たちも子ども時代に野球選手に触れて、そこから始まっているわけですから、（メジャーリーガーになって）どのように子どもたちに触れるべきか、しっかり理解して、それができているのではないかと思います。一般的にもそうですが、**先を行っている世代が次の世代に何かをしてあげるというのはとても重要です。スポーツにかかわらず、すべての点で、次の世代を大事にしなければいけない。その中で我々野球に関わるものが素晴らしいスポーツをみんなに浸透させていく努力が必要です。**私たちは努力を続けていきたいと思います」

世間で頻繁に言われている言葉の一つに「最近の若者は……」というのがあると思います。我々の時代と違って、だらしがないとか、生意気だということを言っているのですが、もし、本当に今の若者に問題があるとすれば、それは大人の責任であると思います。

次世代のために何を継続するか、何を新しくして環境を整備してあげるか。それを怠った時に、子どもたちはよくない方向へと歩き出すのではないかと思います。「最近の若者は」と問題に思うのは大人に原因があり、結果を招いていると言えます。

マッティングリー監督の言葉は野球界に向けての話をしていたと思いますが、「次の世代のために何かをしてあげる」という考え方はどの世界、どんなことにもつながって行くと思います。

例えば、子育ては親が子を育てることですけど、親が何をしてやるかというのは、自分の思い通りにコントロールするのは子育てではないですよね。

やっぱり子どもが幸せな人生を歩んでいくための環境づくりや、子どもたちがこれから人生の荒波を乗り切っていくために何をしてあげるべきかを考えるのが子育て・教育であるでしょう。

最初にも書きましたけど、大事にしなければいけないのは自分が子どもの時にしてもらって嬉しかったことは必ず継続し、自分ができなかったこと――今になってこれをやっておけばよかったなということ――を直接的に教えるのではなくて、気がつけば身についているようにしてあげる。

自分とは同じ後悔が生まれないように伝えていくってことが非常に大事なのではないかと思います。

個人的な話をさせてもらうと僕自身はすごく意思が弱い人間です。その背景を振り返ってみると、その要因には自分で物事を考えてこなかったから。自分の意思をあまり持ってこなかったからと大人になって気づきました。しかし、それに気づいた時には、もっと早い段階からできていたらなと思うことは多々ありました。**何かを決める時に、我が儘な決断という意味ではなく、自分で決めさせるっていうことは人生において大きなことのように感じます。**

自分には子どももいますし、甥っ子や姪っ子もいます。彼らはすでに高校を卒業しているくらいの年齢なので、いろんなことをしてきました。**甥っ子が小学生の頃、一緒にランニングをしていたことがありました。**

僕と彼は親子ではないのですが、僕とのコミュニケーションツールで朝6時頃、一緒に走ったりしてキャッチボールしたりしていた時期がありました。

ところが、日が経つに連れて、マンネリ化してくるのです。そして、良かれと思ったことが義務感へと変わっていくのです。

甥っ子からすれば、やらなければいけない、ジョギングに参加しなければいけないという風になってきていて、何のためにジョギングしてるか、意味が見出せなくなっていきました。甥っ子のモチベーションが下がっているのが目に見えて分かるようになってきました。

本人はやらなければいけない意思はあるけど、なんとなく自分の中でサボることが嫌なだけでやっているという状態に陥ってしまっていました。

そこで新しいルールを決めました。甥っ子に「自分が走りたいと思う前日にだけ電話してこい」と前日でいいから意思を伝えるように話しました。

すると、自分でやろうと決めた時はほんとに真面目にやるようになったのです。ジョギングは厳しいことをしていたわけではなく、小・中学校の周りを軽く走って、そのあとキャッチボールをしたり壁当てなどをしたりするだけなんですけど、目に見えてやる気を出すようになりました。

今、甥っ子はいろんなことを自分で決断するようになりました。彼が進学校に進んだり、第一志望の大学に合格したり、結果がどの程度影響したか、貢献できたかは正直分からないです。ただ一つ言えるのは僕ができなかったことを彼はやれているということです。自分の失敗を彼は乗り越えてくれたかな、と。

マッティングリーさんの言葉は非常に突き刺さるものがあります。

次の世代のことを考えてあげる。自分のことを置いておいて次の世代に何をしてあげるかを考えることはどんなことにも通じる。

会社や部活動、子育ても然り。

目先の結果ばかりに囚われがちな今の世の中ですけど、**先のことを考えていくことで社会はよくなっていく。日本をよくしていくためには、スポーツ界、引いては野球界をよくしていくためには、現場の環境や体質改善の先に、「将来」「次世代のために」というマインドが人を育て組織を大きくするのではないかと思います。**

日本の常識をすべてだと思わないこと

東京ヤクルトスワローズ監督
高津臣吾

僕には海外で生活した経験がある友人がたくさんいます。父や兄、姉もそうなのですが、海外経験者に共通してあるのは、視野の広さと物事を多角的に見ようという姿勢です。目の前で起きた物事や事象を盲目的に信じるのではなく、頭の中で整理してから答えを出しています。その時間は一瞬なのですが、彼らの頭脳は「一度、会社に持ち帰って検討します」くらいの判断をしているように感じます。

その理由として考えられるのは、おそらく**日本と異なる文化に身を置いたことで、二つの視点から物事を考えようという癖がついているのではないかと思います。**日本人である自分が出す答えと、異文化で暮らす上での答えとの双方が頭の中に浮かぶのではないでしょうか。

34歳にメジャーリーグに挑戦したった2年の間に天国と地獄を経験した、ヤクルトスワローズの**高津臣吾《たかつしんご》監督**は「自分の人生はこの2年間に詰まっている」と異文化を知った経験は大きかったと振り返っています。

「メジャーのキャンプでは、選手たちが一緒にいるのはユニフォームを着てから脱ぐまでの時間だけで、それ以外は自分たちで行動するんです。どこでご飯を食べていいのか、最初は困りましたけど、他の人たちがどうしていくのかを見ていて感じることもありました。ある選手は朝早めに来て、新聞を読みながら、コーヒーを飲んでトーストを食べている。ご飯を食べているだけでも、その選手にとっては準備の一つだと思うと、それはそれで面白いと思いました。最初は日本と違う文化があることに戸惑うんですけど、理解・納得したら、徐々に良さは感じられた」

高津さんのメジャー挑戦は波乱万丈に満ちていました。

そもそも契約の時点から日本では考えられない経験をしています。

メジャーに挑戦する年齢が遅かったこともあって、実績だけで手をあげてくれる球団はなく、トライアウトという形でメジャー挑戦することになりました。ロサンゼルス近郊でピッチング練習などを行って合否を待った。日本の慣例に従うと、約1週間ほどで、獲得球団が名乗り出ての契約になるものですが、シカゴ・ホワイトソックスから声がかかると2日後にはシカゴへ向かったと言います。

向こうの空港に到着すると、球団のGMがすでに待ち構えていて、高津と同行者三人分のコートを用意していた。ロサンゼルスから来るということで薄着であることを想定しての配慮までしていたそうです。

「アメリカらしいと言えば、そういうことになるんでしょうね。このスピード感には戸惑いました。日本だと、トライアウトをして1週間後くらいに初顔合わせをして、それから交渉みたいなイメージじゃないですか。それが2日後にはシカゴに来てくれという話でした。こっちは心の準備はできていないし、服装だって、半そでと短パンしか用意していなかった。しかし、この時間、今を逃したら、この話はなくなるというスピードでした」

メジャーのキャンプが始まってからも、不慣れなルーティンに直面します。

練習時間が短いこともその一つですが、肩を作り切ってから実践マウンドに立つのではなく、実践感とブルペンでの投げ込みを並行しながらの調整は日本とは明らかに異なっていて、これには苦労したそうです。

どういうことかというと、**メジャーの調整方法は調子の良し悪しに関係なく実践経験を踏んでいく。**そのため、例えば、オープン戦の序盤などで投手がまだフィットしきれずに打ち込まれることがあっても、それに関係なく登板機会がやって来るのです。試合での内容が悪いからといって、時間をとって投げ込みをして肩を作り上げるという工程を踏まないのです。

また、試合でのブルペンでの調整法も異なっていました。

日本のリリーフピッチャーは試合が始まると、登板予定のあるなしに関わらず、一度は肩を作ります。

その上で、出番に合わせて二、三度と準備をするのですが、メジャーでは1回しかないのです。それも、出番のありそうな場面の直前にコーチから指示が来てから動き出すと言います。

「メジャーのブルペンはバッター三人くらいで登板できる肩を作らないといけないんです。日本は登板があるなしに関わらず、一度ピッチング練習をして準備します。それから着替えて、次の電話が鳴った時に、10、20球を投げてマウンドに上がれるような態勢をとるんですけど、アメリカは1回の電話で、その時が1番打者なら4番に合わせてくれと言われるんです。その三人で肩を作らないといけない。つまり、最初に投げてから、20、30球で肩を作る。戸惑いますけど、このやり方になじんでいくと、余計なボールを投げないので、やり易かったです」

メジャー1年目は59試合に投げて19セーブをあげる活躍を見せた。リリーバーからクローザーまで務めるなど獅子奮迅の活躍でした。

形に、はめないのが一番です。形は日本だけの常識

もっともそれは長く続かず、2年目の途中にホワイトソックスから解雇通告を受けます。1か月の空白の後、ニューヨーク・メッツに移籍。9試合に登板したものの、1年目ほどの活躍とはなりませんでした。

ホワイトソックス時代に活躍を見せ、その後、契約できない日々を過ごした。たった2年のメジャー経験ですが、天国と地獄を見た挑戦だったと言えると思います。

高津さんはその後、韓国・台湾でもプレー。2012年に現役を退きました。ただ、その後、**プロ野球の指導者に転身すると、2015年には自身が経験したリリーフの調整法をヤクルトでも実践。リーグ制覇に貢献しています。**

高津さんはアメリカでの経験から学んだことをこう語っています。

「**エンジョイすることもそうですけど、日本の常識をすべてだと思わないことが大事だとアメリカの経験で学びました。**僕は若い頃から、コーチから押さえつけられた記憶はないんですけど、でも、実際、そんな練習をしなくていいのになぁという練習をやっていた。あるいは、コーチが見ているからやっている練習もあったと思います。そういうのは、いらないことだと思うので、コーチになって、やめようと。形にはめないのが一番です。**形は日本だけの常識であって、そんな常識はいらないと思う。**それよりも、選手がいかに気分よくプレーできるか、結果的にどうやったら勝てるのか、常識にとらわれないようにしていきたいです」

2021年シーズン、高津さんは5年ぶりのリーグ制覇を果たしました。開幕前の下馬評では下位と予測されていましたが、見事に裏切って見せました。日本式の指導に固執せず、選手たちの能力を最大限に引き出しました。

視野をいくつも持ち、海外を渡り歩いた男だからこその名采配でした。

次の打席で何かを掴《つか》むかもしれない

埼玉西武ライオンズ監督
辻発彦

スポーツの選手を育てる育成には時間が必要になります。

目先に残さないといけない結果があるのは常ですが、時間との戦いを制することこそが良い育成になるのは間違いありません。

ただ、その時間を犠牲にする我慢強さには、指導者にある程度の経験値が必要なのもまた事実です。

待つことで伸びた人材がいることを知らないと、そううまくいかないものです。


2018、19年のパ・リーグを連覇した西武ライオンズの**辻発彦《つじはつひこ》監督**は現職の就任以前に、中日での二軍監督、コーチの経験がありました。その影響があったためか、西武の監督就任1年目のシーズンは我慢強い起用が続きました。

それまで固定されてこなかった遊撃手に、ルーキーの源田壮亮選手を抜擢。レギュラー定着を目指して頭角を表しつつあった山川穂高選手、外崎修汰選手を粘り強く起用しました。1年目は2位に輝き、そのあと、連覇を果たしました。

チームの中心にいたのは、秋山翔吾、浅村栄斗らもともといたレギュラーに森友哉を加えたその三人の存在が際立ちました。辻監督の我慢強い起用がチームを浮上させたことは間違いありません。

辻監督の起用には過去の経験が生きているようでした。

「往生際が悪い性格なのかなと思っています。ミスしたり打てなかったりすると、コーチからは交代させればいいじゃないですかと助言されるんですけど、次の打席で何かを摑むかもしれないと思ってしまうんですよね。2打席ダメだった。あ、代えようかな。でも、3打席目は違うものを見せてくれるかもしれないってね」

人はどこできっかけを摑むかは分かりません。そのタイミングを指揮官が奪い取ってはいけないと辻監督の念頭にあることとの表れなのでしょう。また、辻監督は、悪いからあっさりと交代させてしまうことが、選手自身の責任を背負う機会を削いでしまうとも考えているのです。

辻監督の次の言葉からはそんな信念が伝わってきます。

「替え時は難しいですよね。試合の終盤になったら守備固めの選手と交代させるということを考えるけど、若い選手に限っては先のことを考えるとそこで代えちゃいけないんですよ。山川は守備でポロポロとエラーするから交代させたくなりますよ。でも、彼の性格からして、ミスをした時はすごく落ち込むのが分かる。そういうのを乗り越えないと本当のレギュラーになれないんですよ。守りでミスをした。じゃ、今度は打つと。代えちゃったら、彼は楽をしてしまう。さらなる上を目指すのであれば、自分の力で壁を破るということをしないといけない。そう考えているので、我慢して起用できる」

殻を破るには失敗も必要。そこからどう乗り越えていくかが選手にとって重要だという考え方は辻監督が多くの成長期にある選手を見てきたからではないかと思います。選手の育成にあたる上では大切な考え方であると思います。

試合の中心で感じることがある。自主性を重んじてやってもらいたい

また、現役時代は守備がうまく堅実なプレースタイルで一時代を築いた辻監督の印象から、徹底した指揮官の管理野球を実践しそうに見え、意外と自主性を重んじるところも指

揮官としての持ち味でありました。

自身が現役時代、指示通りに動きながら後悔した経験があるからだと辻監督は**自身の掲げる指導論**をこう語っていました。

「サインなしで選手が考えてやるというのが、僕が理想とする野球なんです。選手たちが試合をつくるものだと常々思っています。盗塁に関して言えば、相手のバッテリーによって走れる、走れないがありますけど、**その判断は選手がする**。それは選手の技術向上のためにしていることでもあるのですが、自主性を持ってやって欲しいんです。自分で盗めたら行く、ダメだったら自重して止まるというのは技術力ですから。こちらが制約したり、アウトになったからといってあれこれ言うと、選手たちの思い切りが出なくなってくる。選手の個性を潰したくない」

プロ野球のサインは無数にあるとも言われています。その背景には過去に日本の野球が大事にしてきたスモールベースボールや緻密な野球があったからだと思いますが、時代が変わり、野球選手の質、性格が変化していく中で対応してきた考えとも言えるかもしれません。

辻監督は現役時代、「俺はそうだと思ったんだよ」と思いながら、コーチの指示に従い頭を抱えたことがあるとも言っていました。結局、指導者とは定説だけを後輩たちに伝えるのではなく、自身の経験から何が大事かを整理して進化させることだと思います。

「選手たちは集中してやっているから、試合の中で感じることがある。守備面の話になるけど、投手が投げて、打つ瞬間のバットの出が速いか、遅いかが分かる時がある。それをどう感じるかで守備のスタートは変わってくる。遅いと感じて打球の予測ができたらコーチの指示通りじゃないポジショニングに動いてもいい。自主性を重んじてやってもらいたい」

すべて自身が学んできたことを伝えるだけなら、指導者は存在する意味はないと思います。**時代の変化、選手の変化、野球の進化、そして、自身の失敗。それらが指導力の賜物になるのだと思います。**

就任4年で二度のリーグ制覇。

２０１６年までの低迷を思うと、チームをたて直し、立派なチームに育て上げた指揮官だと言えると思います。

あれこれ言うと、選手たちの思い切りが出なくなる

元北海道日本ハムファイターズ監督
栗山英樹

日本の野球が進歩してきている背景として、チームを束ねる指揮官のタイプが多士済々になってきていることが挙げられると思います。名選手＝名監督という図式は崩れ、監督自身が持っている資質が重要視される時代になっているように感じます。

もっとも、それは過去の否定ではありません。そういったタイプの指揮官は今も存在していますし、悪いという意味ではなく、外国人監督の存在や選手兼任のようなスタイル、数字を重視する指揮官や学校の先生のようなタイプもいて、それぞれが持ち味を出すようになってきているということです。

２０２１年は元メジャーリーガーだった高津さんや井口さんが両リーグの優勝争いを繰り広げるなど、日米の野球を融合させたという意味で印象に残るシーズンではありましたが、日本ハムを10年にわたって指揮した**栗山英樹《くりやまひでき》監督**のようなタイプも一時代を築きました。

栗山監督をタイプ別に分けるとすると、現役時代はそれほど活躍できなかったものの、指導者として成功を収めた指揮官であるということ。そして、その指導スタイルも、ガチガチの体育会系というより学校の先生のようなイメージがありました。

当然、プロであるため、戦術的なこと、育成の面についても多く語る指揮官であったものの、**彼の口から出てくるのは、「責任」であったり「覚悟」であったり、矢面に立つための努力と、選手とのやりとりの中では、先生と生徒にしか分からない独特な関係性を作っていたものでした。**

適切な友好関係を作っているから、時折、奇抜な作戦、起用なども惜しみなくできました。有名どころでは大谷翔平選手の二刀流が挙げられますが、大胆なコンバートや選手起用などは、選手との関係性から成り立っていることに他ならないのです。

栗山監督は自身が下した数々の「決断」についてこう話しています。

「負けている時は勝ちたいし、何とかしたいという気持ちはあるけど、僕には『選手のために』という想いがある。僕が選手の親だったら、家族だったらどう思うのかなって本気で考えます。選手のためになれば、チームのためになると本当に思っているので『これは選手のためになるんですか、選手のためにならないんですか』というのを自分に問いかけて、その結果、選手のためになると判断できたら、どんな無茶苦茶なことであっても実行します。僕が思ったことが正しいのか、正しくないのかではなくて、本当に選手のためになると信じているかどうかという考えになりました。それって分かれるじゃないですか。

自分の中で、選手のためになるってストンと落ちた瞬間に〝いける〟って思えるようになりました」

担任の先生だから生徒のことが分かる。長い時間を共有して寄り添っているから、選手の気持ちが理解でき、そして、成長を予感できる。栗山監督に感じるのは勝負師のような姿勢というよりも、教育者のような温かさでした。

漫画みたいな選手を作りたかったし、誰もしたことのないようなドカベンに出てくるような選手を作りたかった

もっとも、そこに戦術的視点がないわけではありません。選手たちの技術力にも目を配り、多くを求めるのではなく、「選手の個性」に注力しています。いわば、「自分の出せるものを出してくれ」ということだけを選手に求めているのです。

栗山さんはこう語っています。

「選手にはどれだけの数字を残してほしいとは思っていなくて、チームが優勝するために

は、例えば、投手力にコントロールのいい投手が必要、球威がある投手が必要ですなど、いろいろありますよね。その中で『**あなたはどの部分でうちの勝利に貢献するつもりですか**』というのを選手に求めているんです。ですから、一番、選手らしい、この選手じゃなきゃダメだみたいなものを引き出そうということ。それがはっきりしてくると、チームのバランスが良くなると思っている」

栗山監督の指導歴の大きな足跡として残るのは大谷選手の二刀流であることは間違いありません。もちろん、栗山監督一人の企画ではないし、発案者ではないのは間違いないですが、指揮官である人物が「無謀」とまで言われた挑戦を心から信じていたことは、大谷の成功に関わっている部分は多分にあると言えます。

「**翔平に結果が出てきて、僕は、これで良かったのかなと思うことは日々あるんですけど、本当に良かったかどうかは翔平が引退する時にしか分からない気がするんですね。**ただ、間違いないのは今の大谷翔平を『見てみたい』と思えるのは二刀流であることが大きな理由であると僕は思うんです。漫画みたいな選手を作りたかったし、誰もしたことのないような、ドカベンに出てくるような選手を作りたかった。本人は大変だと思いますけど、こっちは翔平の能力を信じています」

スポーツでロマンを追いかけたい、と栗山監督はことあるごとに語っています。

生徒の成長を見守る教育者の姿で10年も監督を務めて結果を残したことは評価されることだと思います。

コミュニケーションがキーになる

元横浜DeNAベイスターズ監督
アレックス・ラミレス

日本のスポーツ指導には「体育」が生きていると思います。

いわゆる授業のような空気があり、先生と生徒の関係性がいつまでも残っているのです。生徒は先生が出す課題に応えることで単位をもらう。スポーツは本来、楽しむためのものだから、上位下達であるべきではないのですが、先生─生徒という関係が、監督─選手にも残り続けているという印象は拭えません。

もちろん、先に取り上げた栗山監督のような成功例を生み出すこともあります。しかし一方で、監督が簡単なことで選手を褒めなかったり、試合後にミスした選手を名指しして叱責するということが普通に起こるのは、**日本におけるスポーツが「体育」から抜け出せていないからなのではないでしょうか。**

そんな観点で見ていくと、外国人指導者が起こす日本のスポーツ指導への改革は実に抜本的です。２０１６年から２０２０年まで**ＤｅＮＡベイスターズの監督を務めたアレックス・ラミレスさん**は、下位に低迷していたチームを優勝争いをするところまで引き上げた名指揮官でありました。

就任1年目の頃、ラミレスさんはこんな風に語っています。

「コミュニケーションがキーになると考えています。自分がそれぞれの選手に何を期待しているかということを伝えたい。また、選手の長・短所を教えてあげることによって、その選手によりよい成績を導いてあげることもできると思います。それによって、彼らがチームを助けてくれるようになる」

日本の監督はプロであれ、アマチュアであれ「監督が決めたことに従え」的なところがある。しかし一方、監督が決めたことが実に曖昧で伝わっていないことも少なくありません。

結果によって意見を変えてしまうからそうなってしまうのですが、ラミレスさんのように対話を重視していると、そういう誤差が生じにくいのだろうと思います。

例えば、**ラミレスさんは監督を務めていた時、様々な常識を覆すトライをしていました。2番打者に梶谷隆幸選手や筒香嘉智選手を据えるなど、本来はクリーンアップを打つような選手を配置して打線を組んでいたことがありました。**

2番打者と言えば、昔から日本では「つなぎの打者」と捉えられることが多くありました。しかし一方で、メジャーリーグでは2番打者に「最強打者」を配置することが少なくなく、ラミレスさんはチャレンジをしていました。

ただ、ここで重要なのは、メジャー的な2番を置くことやつなぎの2番を置くことを議論することではなく、ラミレスさんが考えた打順に対して、コミュニケーションを大切にしていたということです。

ラミレスさんはこう言います。

「梶谷にはどういう役割をもって2番を務めるかの話はしっかりしています。バントは気にするな、どんどん打っていってくれという話をしているんですけど、そうすることによって梶谷はもっといい結果を残すことができると思っていますし、それがチームにより良い影響を与えることができると思っています」

梶谷選手が2番を打つことで攻撃の幅が広がる。初回から大量得点を狙うことで、チームに幸福をもたらす。

つまり、それを伝えることは、ラミレスさんの勝利哲学を浸透させることへとつながるのです。

お互いにリスペクトする関係を保つ

外国人指揮官にありがちとも言えますが、対話を大事にすることは選手を大事にするということです。

監督の意図を汲みとってプレーしろという旧来の上位下達的やり方では、選手は自由にプレーできないのです。スポーツと体育の指導の違いそのものとも言えます。また、次のラミレスさんの言葉からはいかに選手の意思を大事にしているかが分かります。

「自分が学んだことをアドバイスすることは可能だと思います。しかし、自分がやってきたことがすべての選手に当てはまるとは考えていない。自分はこうやって成功したんだけれども、試してみないかということはできるかもしれない。自分の今のバッティングフォームと比べてもらうことも可能ですしね。ただ、それが良いかは本人たちが決めることだと思います」

ラミレスさんは英語が堪能であるとはいえ、ベネズエラ出身の外国人の方で日本語を雄弁に話すわけではありません。そんな外国人監督が「コミュニケーションが大事」だと語り、**日本人監督以上に選手との対話を重視してきたのです。**

これは日本のスポーツ指導における、監督と選手の関係性の違いと言えるのでしょう。

海外においては、互いにリスペクトする関係を保っているから、対話が重視されるのでしょう。

「監督が代わって、無駄な練習がなくなりました。それは感じますけど、それ以上に監督とコミュニケーションを取ることが多くなりました。常に声をかけてくれますし、僕らに話す前に、情報がメディアに出たりもしない。その違いは大きいと思います」

主砲だった筒香選手はラミレスさんについてそう話しています。

2017年、DeNAはリーグ戦こそ3位だったものの、クライマックスシリーズを勝ち上がり、日本シリーズに進出しました。2勝4敗と敗れはしたものの、3連敗から2連勝を飾り、敵地へ乗り込んだ際は、あわやの期待もありました。対話を重視し、選手の個性を生かした見事な戦いぶりでした。

指導者の成功は何か、を考える

元北海道日本ハムファイターズコーチ
白井一幸

248

日本の野球界にはプロ・アマに関係なく、指導者が勉強する機会は多くありません。サッカーのようにすべてのカテゴリーに義務付けられた指導者のライセンスがあるわけではないし、独自の理念を作った民間の指導者育成機関もありません。

現役生活をやめた翌日には指導者になることができる歪なシステムは、新任コーチの流入をたくさん招きますが、一方で、指導者のスキルを高めることができないまま指導にあたるケースは少なくありません。これが果たして理想的な指導者育成システムなのかは甚だ疑問が残ります。

そんな状況がある中で、米国へのコーチ留学を積極的に行ってきたのが日本ハムファイターズです。

現在のヘッドコーチを務める金子誠や二軍打撃コーチの矢野謙次などは提携先のメジャーリーグの球団のコーチを務めた経験を持っています。

その先駆者的な存在が現野球解説者**白井《しらい》一幸《かずゆき》さん**です。

白井さんは日本ハムの名内野手として１９８４年から１９９６年まで活躍。ベストナイン、ゴールデングラブ賞をそれぞれ1回ずつ受賞しています。

白井さんは97年に海を渡りコーチ留学をしましたが、その時に決意した理由をこう語っています。

「日本では、選手が現役生活をやめて、指導者になろうとしたら、簡単になれるんですよ。何の学びもなく、資格もいらない。昨日まで教えられていた選手が、ある時に引退して、教える側に回るということができるんです。**彼らが教えているのは何なの？　持論なの？　経験なの？　って疑問だった。**僕が指導者としてやっていくためには、学ばなければいけないと現役時代から思っていたんです。その学ぶ対象の一つに、メジャーリーグというのがあったんです」

白井さんが学んだことは数多あったと証言していますが、そのうちの一つが指導のマニュアル化でした。

メジャーには技術的な指導に関しては細かなマニュアルがあるといいます。コーチが独自の考えで教えたりすることはできないのです。マニュアル通りにやれば、何も問題が起きないのですが、個人のアイディアが反映されないというマイナスな部分はもちろんあります。

しかし、視点を変えてみると、日本のように、10人のコーチがいたら、10人が「俺はこう思う」と全員が違うことを言うようなことは避けられるのです。

つまり、**日本のシステムのままだと、選択する能力の高い選手は成長することはできますが、選択する能力のない選手はみんなの言うことを聞いて、迷走してしまうということが起きてしまう**のです。

マニュアルがあるということは一貫性のある指導ができるという利点があるということです。

そんな中で白井さんが指導していくうちに感じたのは、「指導者らしさ」とは何かという本質的なテーマだったといいます。

「選手がプレーで失敗したときに『バカヤロー』と言って、プラスがあるのかというと、何にもないんですよ。ミスした選手が一番ショックを受けて反省している、さらには、まだ打球が飛んでくるのに、エラーに対して怒ったところで、プラスはない。実際、指導者ができるのは『お前はあれだけ練習したんだから、自信を持って思い切ってやってこい』

と励ましてあげることしかできないんです。でも、日本においては、失敗した時に励ますことより、失敗したことに怒ることの方が、指導者らしく見えてしまう。我々にとって、**大事なのは『指導者らしさ』ではなくて、選手の成功が我々の成功だということが分かりました。**従来の球界の常識的な指導方法を継承することよりは、選手の成功にどう関わっていけるかというのを感じました」

また、白井さんはコーチ研修を受ける一方で、ニューヨーク・ヤンキースのキャッシュマンGMとも関わりを持ちました。そこでチームビルディングについても学ぶ機会を得ました。

そこでは、コーチングとは異なり、常に、未来の設計図の絵を作り、チームの将来像をイメージするというチーム作りを知ることになりました。

白井さんは日本に帰ると、まずはフロントとしてその両面を取り入れた。

００年からはコーチに入閣し、２００３年、ヤンキースで一緒だったトレイ・ヒルマン監督をヘッドコーチとして支えた。

日本ハム自体がアメリカ色をより強化していく時だったから、チーム作りはスムーズになったと言います。

監督に求められるものは、理念と目標の明確さ。経営と一緒です

白井さんはこう話しています。

「ヒルマンがすごかったのは『日本人は本音が苦手だ。遠慮がある』と言って、本音でやってくれとリクエストしてきたことでした。だから、ディスカッションは活発でした。コーチの意見を吸い上げていましたよね。外から見ていても、これは日本にはなかったと思います」

日本ハムはこの頃から一時代を築きました。黄金期を作った当時のコーチたちはのちに他球団でも活躍を見せました。

それは白井さんがメジャーで経験してきたことをしっかりと体系化したからに他なりません。

白井さんは改めてこう振り返っています。

「日本は監督が代われば、方針が代わり、コーチ人事も代わる。では、チームらしさとは何かと聞かれれば、ないんです。つまり、そのチームらしさとは、監督なんですよ。それではダメで、例えば、ファイターズは、何を目指していくのか、目的は？　理念は？　目標は？　戦う姿勢はどうなんだ？　チームの理念や目標、目的が明確になっていかないといけない。経営と一緒ですよね。長期ビジョンに沿って、必要な指導者はどういう人材だろうかと、監督を選んでいかなくちゃいけない。監督に来てもらって『お任せします』というのは、長期的には繁栄しない。日本には、ここが必要だなって思います」

ここ数年、日本ハムは一時期ほどの勢いをなくしています。

白井さんの最後の言葉が今の球団に届けば、また黄金時代が戻ってくるのではないかと思います。

翔に「守れる選手にならなきゃクビになるよ」と話した

元阪神タイガースコーチ
清水雅治

選手にはそれぞれストロングポイントがあります。「長所」「強み」といった言葉に置き換えられます。

これを武器にしていけば、スポーツでも、ビジネスでも、ナンバーワンを目指すことができる。強みがなければ、平均値で勝負することになり、限界突破を果たすことはできないでしょう。

とはいえ、「強み」と平均的な能力の差異は頭に入れておかなければいけません。強みはあるけれども、平均的な能力が低ければ、勝負する壇上にさえ上がれないからです。単純なミスをしない、人より気づくのが早い、未然に問題を解決する、など。普通に過ごしていれば、身についているはずの能力が欠落していると、勝負の壇上にすら上がらせてもらえないものです。

スポーツにおいてはストロングポイントを全面に出していれば勝負できるのは一握りに許された特権に過ぎず、貢献度の少ないプレイヤーは出場機会を失っていくのです。

西武、日本ハム、ロッテ、楽天、阪神などを渡り歩いた名コーチ・**清水雅治《しみずまさじ》さん**は、それを気づかせることができる数少ない人物です。

それもそのはず。これほど多くの球団でコーチ経験を積んでいるのです。消えていく選手と、そうでない選手を熟知していないはずはなく、彼の役割はそこに気づかせるコーチングにありました。

清水さんの功績は2008年から2012年まで在籍した日本ハムで、**中田翔、陽岱鋼《ようだいかん》、糸井嘉男の鉄壁外野陣を形成したことです。**この三人の何がすごいかというと、プロになってから外野を始めたということです。

陽はもともとショートだったし、糸井は投手、中田は高校時代に投手以外の時に外野を守った経験はあるものの、プロ入り後は三塁を守っていました。そんな彼らをリーグ屈指の守備力のある選手に作り上げたのです。

三人とも、そもそも能力があったのは間違いないのですが、**清水さんが教えたのはディフェンスそのものだけでなくマインドの部分です。**

まだ若かりし頃の中田翔選手にはこんな話をしたと言います。

「翔が内野をやめて外野にコンバートになった時、守れる選手になれなきゃクビになるよという話をしました。どれだけバッティングが持ち味だといっても、DHは外国人のために使うものだし、守れなかったら我慢して使ってもらうことはできない。翔に限らずのことだけど、野手はバッティングのことばかりを気にする。まずしっかり守れることがシーズンを通してプレーするためには大事なんですよ。守備力があれば、監督が試合で長く使ってくれる。そうすれば多くの打席に立てるでしょ」

強みを発揮したいのは打席であるはずなのに、他の部分が欠損してしまっては、その機会を喪失してしまうということです。まずは、試合に出るベースの部分を高めることを心がけることで変わっていくのです。

チームへの、試合への貢献の仕方はいろいろある

清水さんのこの言葉を聞いても分かりますが、決して、ハードルの高いことを言っているわけではありません。「強み」を生かすためには少し取り組めばいいということだけを話しているのです。

中田選手の守備意識はそうして高まりました。本人にも聞いたことがあるのですが、そ

の昔、彼はこんな話をしていました。

「守備の中ででも、チームへの貢献の仕方はいろいろあると思えるようになったんです。ボールを捕球することもそうだし、スローイングにしてもそう。試合への貢献という意味では、全部一緒やということ。それは清水さんに教えてもらった」

清水さんが外野手に教えることの多くはスローイングのことがメインだと言います。フライのとり方やゴロは本数を繰り返すことで身についていきますが、ボールを投げるというプレーは本人の感覚をものにしないといけないからです。

清水さんはこう言います。

「選手は、いい球を投げようと思うと、10割の力を入れようとする。10割の力で投げようとすると、身体が開いてしまって、ボールに力が伝わらないからいい球がいかないんです。10割で投げたのと、5割の力で投げたのとで、なぜ5割の力で投げた方がいい球が行くんだ？　と選手には問いかけています」

清水さんが指導をしている際の練習風景などを見ていると、初歩的なことを伝えていることが多いと記憶しています。まずは3割程度の力で投げさせることを覚えさせ、ボールに力が伝わることを意識させる。そこから段階的に強度を上げていって、開かない状態を作るのです。中田選手は2011、2012年、リーグ最多の捕殺を記録していますから、その指導力は推して知るべしです。

「投げることの楽しさを感じてくれることができれば、それが一番いい」と清水さんは言います。そうして、守備の意識を高めてベースアップすることを選手たちに促していくというのは心にくい、お仕事の仕方と言えるのではないでしょうか。

〝気づかせ屋〟

清水さんが多くのチームのコーチを受け持つ理由も分かるというものです。

スカウティングと育成で勝つ

北海道日本ハムファイターズスカウト部長
大渕隆

会社組織には社長を頂点にたくさんのプレイヤーがいます。

営業・企画・総務などに分かれ、プレイヤーがパフォーマンスを発揮することで、会社は大きな成果を生むことができます。

一方、そうしたプレイヤーの配置を整えるのが人事部になります。プレイヤーの特性や将来性を見抜き、組織がうまく回るようにポジションを埋めていく。彼らの存在こそ、組織の土台を作る上でキーを握っています。

スポーツの世界でその人事の役割を担っているのがスカウト部門です。しかし、世間の多くは「スカウトマン」の存在を知りつつ、その仕事ぶりがいかにプロフェッショナル領域であるかの理解はできていないのではないかと思います。

スカウトにはゴリゴリの体育会系の方々が多いのが事実です。選手上がりであることがほとんどだからです。ただ、最近ではそのスカウト部門にも変化が現れ、プロ野球球団の人事部として機能させている球団も少なくありません。

2016年に日本一に輝いた日本ハムファイターズはスカウト部門を強化して強くなっ

たチームの一つです。

チームにはキャッチフレーズのようなものが存在し、それは、いわば、企業理念と言え、目指していることが伺えます。日本ハムにはこんな指針があります。

「スカウティングと育成で勝つ」

いかにも自前のチーム作りをして勝っていくんだという方針を打ち出していて、スカウト部門の強化をチーム作りの根幹に置いているのです。多くの球団のスカウトはプロ選手上がりが多い中、日本ハムにはプロ未経験者が少なくないのです。元教員もいるし、元大手の営業社員、元野球オタクなど様々なタイプがいるのです。

ＩＢＭ社員、教員の職歴のある**大渕隆《おおふちたかし》スカウト部長**は同部門のキーを握る存在の一人です。２００６年に日本ハムのスカウト部入り。球場に足を運ぶため、日焼けは避けられないものの、人事部にいそうな風貌かつ冷静な語り口が特徴のスカウトマンです。

「**スカウトは人事部だと僕は思っていて、この仕事をやればやるほどその思いが強くなってきました。**チームの人材は限られているわけです。1年に六、七人しか選手を獲得できない中で、彼らを生かしていかなかったらチームは弱くなる。2、3年だけでも、いい選手を獲れなければチームは衰退します。スカウトこそ、チームのことを長期的に本気で考えられる、本当に強くしたいんだという意識を持ったスタッフの集まりであるべきだと思っています」

大渕さんと話していると、同じプロ野球の中にいる人なのかと思ってしまうくらいに、スマートです。それでいて、スカウト特有の慧眼する能力も備えています。この言葉からも分かりますが、**いかにスカウトという仕事に対して、選手上がりのやっつけでできるものではないくらいのプライドを持って接しているのかが分かります。**人を掌握するプロとでも言いましょうか。

ただ、大渕さんが優れているのは野球を見るという部分と、ビジネスマンや教員だった経験をいかせているところにありました。

大渕さんには「元プロ野球選手」という肩書がなかったため、2006年に就任した当初は目立たないスカウトの一人として活動していました。それが1年目のオフにある資料を作成すると、少しずつ存在感を表していきます。それは「スカウティングと育成で勝つ」と題した、まるで会社概要のような資料でした。いかにもデスクワークを活かしながらのビジネスを経験したスカウティング方法と言えます。

大渕さんは、この資料を作成した理由をこう語っています。

「野球界を客観的に見ていくと、アマチュアの指導者や選手たちは各球団がどのような理念を持っているかを知る術がないと思ったんです。僕はＩＢＭで営業をしていましたが、普通の会社にはそういった資料があるじゃないですか。そう考えると、**今のプロ野球のルールでは、球団とアマチュアがつながる接点はメディアかスカウトしかない。**本当に球団の詳しいことを伝えることができるのはスカウトであるはずなのに、『うちの球団はこういうことをしていますよ』という資料がないのは問題だと思って、このような冊子をつくったんです。本来は企業文化や理念、目指すものがあってこその人材であるはずなんです。チームがこういう選手を求めているという前提があって、スカウトを各地区に散りばめるべきだと自他ともに認識し合うことが大事だと思いました」

チームが目指す指針があって、そこに必要とされる人材がいる。一般企業では当たり前のことがプロ野球では行われていなかった。大渕さんは、そうしてチームとともに、スカカウト制度の改革と促進を行っていたのです。

当然、スカウティングの軸となるのは球場での選手のパフォーマンスです。そこを見ないことには始まらないのですが、日本ハムはそれ以外の情報を多く持つことによって、日本ハムという企業にあった選手を掘り出していくという順序を踏んでいるのです。

大渕さんはスカウティングの手法についてこう語っています。

「**僕のイメージでは、プロで活躍できるのは『縦軸と横軸がしっかり見えてくる選手』です。**縦軸とは直観や感性。試合でのプレーを見て光るものを感じるかという部分です。横軸はそれに対する周辺情報。どんな人間であるか、グラウンドでの態度や普段の練習場での姿勢を見ます。そして最後に、ドラフト前に選手と面談をして確認作業をします」

プロ野球の選手獲得でも面談をするという事実に驚いた人もいるのではないでしょうか。これは、選手に関する情報をより正確なものにする作業です。例えば、素行が悪いと噂のある選手がいたとしたら、その情報だけを鵜呑みにするのではなく、そうなっている原因を探すのです。その原因が日本ハムに入って変えることができるのであれば、その選手獲得の材料にするということです。

「**選手の悪い部分は、そこだけを見てしまうと悪く見えるだけです。でも角度を変えて見ると、その足りない部分がむしろ伸びしろになったりもする。**外から見ているプレーの姿と、実際に話して『やっぱり、そうだったんだ』と答え合わせができる。能力は高いけど、**ピンチになるとパニックを起こしてしまう選手と話してみると、こちらが尋ねた質問と全然違う返答をしてくることが多い。**物事を的確に捉えることができていないんですね。そうしたやりとりをしていきながら、本当の壁にぶち当たった時に乗り越えられる選手であるかどうか、判断する材料にするんです」

会社を支えるのはプレイヤーであることは間違いありません。それをどう企業理念と照らし合わせて人材を獲得していくか。

プロ野球のスカウトの仕事は人事部。そうやって見ていくと、互いに学ぶことはできるのかなと思います。

部員が40人いれば40通りの育成法がある

大阪桐蔭高校監督
西谷浩一

日本の教育は一律に指導することの方が多かったように思います。それには教育者と生徒の数が見合っておらず、一人でたくさんの生徒を教えることが難しく、同じ指導をすることで競い合いを求めてきたからではないでしょうか。

しかし、人間の発育や成長には個人差があり、一律指導を行った時に、ついて来れない生徒も多数生まれます。とはいえ、レベルが低い方に合わせるわけにもいかず、一律指導は長く続いてきました。

そうした場合、伸びる生徒は伸びるものの、そうでない生徒は置いていかれてしまう状況を生み出してしまっているのです。

その中で教育に取り込まれたスポーツも同じ流れを辿っていて、長く、スポーツの育成も一律に厳しく鍛え上げることから始まり、残ったものだけが活躍の場を得ていくというのが主流ではありました。

とはいえ、歴史を重ねるうちに子どもたちの気質も変わってきて、必ずしも一律指導だけが正しいという考えは薄れてきているのもまた事実です。個々に見合った教育、育成は現代のテーマになっていて、スポーツも一律指導や上意下達式のものからの変化が生まれています。
現役のプロ野球選手22人（育成枠含む）を輩出している**大阪桐蔭**はこの20年ほどの間に、個別性を重視した指導で結果を残している学校と言えます。
平成初期に甲子園初優勝を果たした大阪桐蔭は、一時の低迷はあったものの、２００３年くらいから急速に力をつけ、２０１８年には史上初めてとなる二度目の甲子園春夏連覇を達成しています。今や最強校の呼び声が高いです。

「教育ということに関して言うなら、僕が大阪桐蔭に来た時に、校長先生から言われたのは『教えられる教師はたくさんいるけど、育てられる教師は少ない』と。育てることができる教師にならないといけないなと思いました。**『教える』と『育てる』との間に何が必要かと言ったら、人としての信頼関係になってくると思います。**それぞれの子たちが伸びるために何が必要かを常に考えるようにしています」

そう語るのは**この道23年の西谷浩一《にしたにこういち》監督**です。コーチ時代から大阪桐蔭を見守ってきた指揮官は、選手を教育・育成する上で大切なことを「伸びるため」と語っているところに指導者としての信念があるように思います。

もっとも、西谷監督が監督に就任した当初は、選手たちがプロなど上の世界を目指したり、先のことを考えてプレーしているようではなかったと言います。高校で野球に見切りをつけるケースが多く「大学や社会人野球を見せることで、興味を持たせるようにした。それで意識は変わりました」と苦悩もあったと言います。

選手たちに先の世界を意識させた以上は、指導者も育て上げなければいけません。チーム全体ではなく、「個々の能力を上げるように」というのは西谷さんの指導の根幹にあるというわけです。そんな中で個別指導を意識するようになったのです。

西谷監督はこう語っています。

「お医者さんが患者さんを診るように、一人一人に手を掛けていく。インフォームドコンセントみたいに『これからどうやって治療しますか？』ではないですけど、『どのような方針で進んでいきますか？』というような話を部員一人一人とするんです」

部員が40人いれば40通りの育成法があるというのが西谷監督の考えであるのです。「今日はこういう練習をしよう」「成果はどうだった？」「次はこれをやってみよう」と医者がカルテを見るかのごとく一人一人と話し合っていくのです。

正しい方向に努力して、継続しているかどうかが成長には大事になる

大阪桐蔭高の練習を見ていると、それほど変わったことをしているわけではありません。高校野球の練習現場で見るような内容のものばかりなのですが、個々のテーマが違うのです。練習メニューとしては「フリーバッティング」をしていても、個々に目的が異なるのです。

逆方向の打球を意識している選手もいれば、長打を意識して豪快に振っている選手もいるのです。

個別制を取るからにはコミュニケーションが重要になります。選手と面談を行い、どの方向を目指していくのかを確認する。当然、監督からも助言があり、双方が納得して目標に向かうのです。

目標を設定したら、練習と日頃から任意で提出することになっているノートを通じて、互いの理解を深めていくということです。

「正しい方向に努力して、継続しているかどうかが成長には大事になります。それをチェックするのが、僕ら指導者の役目だと思います。根気強くやらせる練習もありますし、選手の気持ちが外れそうになった時は話をします。選手の育成に関して指導者が諦めないこと、ブレないこと。2学年で40人というのは一人一人に手を掛けることができる人数だと思っています。僕だけではなく、部長と二人のコーチもいますし、違う角度から話してもらうことで効果もあります」

卒業するまでトコトン個人の能力を上げることにコミットしていく。当然、甲子園で勝つことも求められるため、チームに合わせる時期も作っているものの、**勝ちながら育てることをきっちりこなしているのです。**

勝利至上主義が蔓延している現在の高校野球において、個々の選手を重んじる西谷監督は異色の指導者と言えるかもしれない。とはいえ、西谷監督の率いる大阪桐蔭が〝最強校〟として君臨していることは紛れもない事実なのです。

企業やチームを安定させるのは就業規則より社風

前橋育英高校監督
荒井直樹

仕事柄、大手新聞社やテレビ局の方と接する機会が多くあります。そこで感じるのは同じ会社同士の人間はどことなく雰囲気が似ているということです。人格は全く異なるのに、例えば、「○○新聞の記者」が分かるような特有の空気があるのです。

また、**会社を訪れてみるとそこに流れている空気のようなものの存在を感じることができます。新聞記者に限ったことではありませんが、同じ会社の社員の雰囲気が似ているのは、会社が長い間培ってきた空気が関係しているのではないかと思います。**

エビデンスも何もない感覚的な話ですが、実際、そこに注力して、チーム作りを行っている指揮官がいます。

前橋育英高の**荒井直樹**《あらいなおき》**監督**です。2013年、チームを夏の甲子園初出場に導き、初優勝を果たしました。以後、甲子園の常連となっています。

荒井監督はチーム作りの根幹についてこう語ります。

「会社の就業規則ってほとんどの人は読まないじゃないですか。会社のルールや決まりなんて誰も知らない。でも、社風はありますよね。規則にはないのに、その場には流れている空気がある。それをどのように作るかが大事なんじゃないかなと思います」

前橋育英の選手はどちらかというと穏やかな選手が多い。甲子園で優勝するような学校であるにもかかわらず、ガツガツとした感じがないのです。常に冷静で物事を達観しているようでもあります。

それが影響しているのか、練習も選手たちは周囲を見ながらも目まぐるしく動き、1分1秒も逃したくないかのように、自然体で体が動いているのです。

これには荒井監督のチーム作りが大きく影響しています。前橋育英は**「凡事徹底《ぼんじてってい》」をスローガン**にして、選手たちは日常からの心がけを大切にしているのです。


荒井監督は言います。

「選手たちにとって一番大事なのは野球なんですけど、野球以外のことをどれだけきっちりやれるかにポイントを置きました。野球が好きだからこそ、それ以外の時間を大切にする。そうすることで、より野球をやっている時間が充実すると考えました。高校生の平日の練習はたった4時間じゃないですか。残りの20時間は野球以外の時間なんです。野球を疎かにしているのではなく、野球以外の時間で自分を磨くということです」

もともと、荒井監督がチームに来た時、この根幹部分が整理されていなかったそうです。部屋が汚い、ゴミが落ちているということが当たり前にあるグラウンドだった。

そのため、安定的なプレーを発揮することができなかった。チームはそれなりに野球が上手な選手がいたのですが、人としての根幹部分がしっかりしていなかったので、結果もついてこなかったと言います。

荒井監督は人としてのあり方を重視していたというわけです。大好きな野球をするために、まずは心構えをしっかりとする。取り組み始めた当初は嫌々やっていたとしても、それが当たり前になってくると、そこに流れる空気は変わる。

人間は汚いものを見ると心がすさんでいくが、きれいなものを見ると、いろんなことに気づけるようになるという。部屋が汚い、ゴミが落ちているということが当たり前の体質だったところからの変化はチームを激変させました。

チームとしての根っこの作り方

荒井監督はこうも語っています。

「『特効薬はない』と、いつも選手たちに言っています。栄養があるものを急に食べたから元気になるわけじゃない。同じことを続けて、これをやらないと気持ちが悪いというくらい同じことを繰り返しやるのが大事なのだと取り組んできました。普段の生活、普段の練習をきっちりすることを続けて大きな力になりました」

チームとしての根っこができれば、荒井監督に課せられた仕事はそう多くなかったと言います。ゴミが落ちていたら拾うという普段の心がけは部屋をきれいにするための取り組みですが、そうした積み重ねが気づきを生む。そして、気づきが試合のプレーへとつながり、チーム力、技術力の向上にもつながっていくと荒井監督は言います。

「当然、試合には勝ちたいです。勝つためにはいい人材が欲しいです。実際、自分でも足を運んで中学生の試合や練習を見に行きました。でも、技術的なことを追いかけていくには限界があるんです。技術にはいろんなタイプの子がいますから、そこだけを追いかけるとむしろバラつきができる。それよりも、普段の生活、掃除をしっかりやる。それらの取り組みはみんながやることなんです。**みんながやることをみんなでやっていくと、チ**

ームとしての根っこができていく。根っこ、つまり土台ができてくれば、より深く、より広くなる」

結果を求められれば、求められるほど、誰もが小手先の技術に走りたがるものです。また、「何がなんでも」「意地でも」といった根性論に置き換えて頑張ろうとする。ひたむきさや必死さは人にとって大事な要素ではありますが、まず、勝負の壇上に上がる前にすべきことがあるのかもしれません。

会社の良い空気を作り、それが社員の意欲向上につながる。

社風が組織を強くするということなのでしょう。

おわりに

今回の書籍に使用している「限界突破」は「はじめに」でも紹介しました「絶対肯定オンラインサロン」のオーナー・タマキさんからお借りしました。彼女は自身の音声アプリの番組「タマキの限界突破ラジオ」を放送しています。僕はこの番組のヘビーリスナーになり、その勢いのまま彼女が管理する「絶対肯定サロン」に入会しました。

限界突破を果たしていくためには、思考が変わらないことには始まりません。タマキさんは「世の中にいいも悪いもなくて、絶対肯定をしていくことで人生が始まる」とリスナーたちに呼びかけています。

その考えに関心を寄せるかはそれぞれですが、この書籍で紹介させてもらったプロ野球選手たちのマインドは限界突破を叶えるための思考の賜物だと僕は感じています。**選手は**

時に失敗し、大きな壁に直面しながらもマインドを作りだし、成功へとつなげてきました。その思考こそ、人として必要な素養なのかもしれません。

スポーツはその語源を辿ると「気晴らし」と訳されます。人間が生きていく中で必ず必要なものかと言えば、そうではないのですが、気晴らしから生まれる人間の力が再認識される部分は多分にあると思います。

つまり、スポーツというものは、人間の可能性を見い出すヒントであるとも言えるのではないでしょうか。

大谷翔平選手が際たる例だと思います。かつて、プロ野球の世界で、投手と野手の両方をこなす「二刀流」はご法度だとされてきた。いや、アマチュアではできても、プロの世界では実現させることは不可能だと思われてきた。

しかし、そこに彼はチャレンジし、成功を収めている。

簡単なことではなかったと思います。僕たち凡人で推し量れるものではないレベルの苦悩が彼なりにあったでしょう。ただ、その壁を乗り越え、二刀流を実現させた今、彼が伝えたのは「二刀流は可能だ」という野球選手たち、大袈裟な言い方をすれば人類へのメッセージと言えるのではないでしょうか。

大谷選手のような思考を持って「限界突破」を目指せば、どんな不可能も可能に変えられる。人間、人類の可能性を示しているのです。スポーツにはその力があるのです。

本書で紹介したアスリートたちの言葉一つ一つも大谷選手と同じように、彼らのような思考を持てば、夢を叶えられる、成功を収められる。それを教えてくれているのです。スポーツが持つ偉大さを筆者は感じずにいられません。

アスリートの言葉を軸に、人生、ビジネスに生かして欲しい。

本書を書き終えての筆者の願いです。僕自身も何かあるたびに、アスリートの言葉を思い出して奮い立たせようと思っています。

今回、取り上げさせていただいたそれぞれのサクセスマインドは、僕の取材活動の中で得られたものをまとめたものです。そのため、今回の掲載に驚かれた方々もたくさんいらっしゃったかもしれません。また、どこで喋った言葉だろう、こんなの言ったっけ？　と感じた方もいらっしゃるかもしれません。ただ、僕はアスリートの言葉に誰よりも重みを感じ、取材を続けてきたから、こういう形で届けられるという想いも持っています。積年の想いを形にできたとも思っています。

試合前の緊張感の中、あるいは、試合後の疲労感のある中だったり、様々な状況で筆者のインタビューに答えてくださった選手、指導者の皆さん、ありがとうございました。また、その際に取材の設定をいただいた球団関係者、所属事務所、マネージャーの皆さんに感謝申し上げます。本書籍の印税のうちの1％は「ベースボール・レジェンド・ファウンデーション」（BLF代表岡田真理）が支援する「小学4年生から中学3年生までのひとり親家庭」の球児のための用具寄贈プロジェクト「DREAM BRIDGE」に寄付します。

本書は、作家の臼井正己さんの声掛けから青志社の阿蘇品社長へとつなげていただき、書籍化につながりました。臼井、阿蘇品氏の両名には、当時、まだお会いしたことすらなかった筆者へのご尽力に感謝を申し上げます。

最後に、いつも寂しい想いをさせている、二人の子どもにもお礼を言わせてください。執筆作業の合間に遊びにいく時間が僕の仕事の質を高めさせてくれた。ありがとう。

氏原英明

氏原英明　うじはら　ひであき

1977年、ブラジル・サンパウロ生まれ。奈良大学を卒業後、地方新聞社勤務を経て2003年に独立。夏の甲子園は2003年から今年まで19年連続して大会を丸ごと取材している。当時に取材した選手たちをその後も追いかけ、その時に出会った選手たちを深掘りしていくスタイルで取材活動を続けている。1年に全カテゴリーを取材し、メジャーまで出向いたこともある。2018年に新潮社から出版した『甲子園という病』は話題作に。2021年には『甲子園は通過点です』を上梓した。現在は雑誌・ネットメディアのほか、YouTube、音声メデイアの「stand. fm」「Voicy」のパーソナリティを務め、音声ジャーナリズムを追求している。また一方では「野球指導者のためのオンラインサロン」を開設して指導者と交流している。

ほぼ毎日更新!ミニコラムが届く
氏原英明のLINEオフィシャルQRコード

BASEBALL
アスリートたちの限界突破

発行日　2021年12月10日　第一刷発行

著者　氏原英明

編集人　発行人　阿蘇品 蔵

発行所　株式会社青志社

〒107-0052　東京都港区赤坂5-5-9　赤坂スバルビル6階
（編集・営業）
TEL:03-5574-8511　FAX:03-5574-8512
http://www.seishisha.co.jp/

本文組版　株式会社キャップス

印刷・製本　中央精版印刷株式会社

ISBN 978-4-86590-125-2 C0095